池上俊一

Shunichi Ikegami

魔女狩りのヨーロッパ史

岩波新書

2011

はじめに

悪魔と結託して人類に害悪をなす「魔女」の存在など、いまやほとんど誰も信じなくなったのに、魔女や魔女狩りが人々の口の端に上ること、今日でも頻繁である。政敵から集中砲火を浴びた政治家が「これは現代の魔女狩りだ！」と高く声を上げたり、政治家でなくとも、スキャンダルの炎上によるマスコミやネット上での一斉非難が「魔女狩り」と表現されることがある。

だが他方では、映画や小説あるいは劇画においては、魔女はあろうことか人気アイテムの一員だ。一九九〇年代後半からの『ハリー・ポッター』ブームのおかげで、「魔法魔術学校」の仲間とともに成長した大人たちが、世界を埋め尽くしている。そして彼ら／彼女らは、悪の力による企《たくら》みを挫《くじ》く正義の味方の魔女に喝采を送るのである。さらには、ハロウィーンで魔女の扮装をして楽しむ若者が出現し、「美魔女」などという言葉まで登場してきた。

しかしこれらは、いずれも本来の魔女の姿とは大きくかけ離れている。魔女概念が今日のように拡大し流用されているのは、近代欧米において、民話や童話そして小説中の叙述により、そこに新たなイメージが加わったり、現代文明の行き詰まりが、太古の文明に淵源する豊穣の魔女を憧憬《しょうけい》させたりしたからだろう。それはそれで考察を加える価値はあろうが、新しい魔女イメージを適切に位置づけるためにも、まずはヨーロッパ史上の魔女とは何であったのか、彼女らを標的にした魔女狩りはいつ、どこで、なぜ、いかにして起きたのかを正しく把握せねばならない。

そこで本書では、一五世紀から一八世紀のヨーロッパに輩出した厳密な意味での魔女と魔女迫害を対象とする。しかも魔女狩りの時代である「近世」の魔女は、ヨーロッパ文明の隠れた本質探求へと導いてくれるアリアドネの糸のようにも思われる。

岩波新書には森島恒雄氏の『魔女狩り』という好著があるが、同書出版からすでに五〇年以上が経つし、その後欧米中心に新たな研究が夥《おびただ》しい数なされてきているので、基礎的データや考え方をアップデートする意義もあろう。

ヨーロッパ各地の古文書館に眠る膨大な裁判記録をはじめとする史料を用いて、いわば地域史としての魔女研究が多くの研究者の協力によって開始されたのはごく最近であり、その成果を盛り込んで魔女の全体像を再考する必要がある。

一九世紀には、ドイツの民話学者グリム兄弟が、魔女にドイツ民族の根本的構成要素を見て、キリスト教布教により神々が悪魔に、賢女が魔女にされてしまったと唱えたし、フランスでは歴史家のジュール・ミシュレが、教会や封建領主の助けを得られず抑圧された民衆の反逆精神の象徴、その救い主こそが魔女だとした。

またドイツでは、一九世紀半ばにルター派の神学者ヴィルヘルム・ゴットリープ・ゾルダンが法制史・思想史的立場からはじめて魔女裁判の全局面を明らかにし、魔女というのは教皇教会(Papstkirche)が作った虚像で、その像の拡大と拷問による強制的な自白により無辜《むこ》の女性が刑吏に引き渡されたのだと、合理主義的な解釈を提示した。ついで一九世紀末〜二〇世紀初頭には、神学者の著作や異端審問記録・関連法令を検討し、悪魔・悪霊らの力を借りた魔女の妖術の観念を厳密に探り出した歴史家ヨーゼフ・ハンゼンの業績があった。しかし当時主流の政治史・国制史の立場からは、魔女や魔女狩りなどは気高い近代国民国家の歴史叙述には不適切だとしばしば無視された。

さらにナチス・ドイツが台頭すると、グリム兄弟らのロマン主義的な魔女像が一段と民族主義的に歪められて、魔女狩りとは、自由で栄光に満ちたゲルマン人の遺伝素質をもっともよく受け継ぐ人種的に優れた金髪碧眼の女性、ドイツ民族の母たるべき女性を、オリエント的・イタリア的なカトリック教会が中心になって殲滅《せんめつ》しようとした蛮行だ、との考えが登場した。そこで親衛隊トップのハインリヒ・ヒムラーの先導で、一九三五〜四四年、ベルリンの国家保安本部において魔女関連の史料・情報を体系的に収集整理する一大プロジェクトが実施されたのである。

こうしたナチスとの呪わしい関係から目を背けたいと思ったのか、ヨーロッパの魔女研究は、第二次世界大戦後長らくストップしていた。ようやく一九六五年頃から関連する古文書研究が兆し、その後一九八〇年代になっていっそう活発化して、各地の古文書館の写本を駆使した実証的地域史研究が花盛りとなったのである。

そこではフェミニズムによる研究の後押しが見逃せない。ミシュレの偉大な先例があるとはいえ、一九七〇年代以降の歴史（女性史）のフェミニズム的転回が魔女研究を改めて促した。フェミニズム以外では、キース・トマスの『宗教と魔術の衰退』（一九七一年）が、社会史・社会人類学的アプローチへと魔女研究者を導いたし、アラン・マクファーレンの『チューダー・スチュアート朝イングランドの妖術』（一九七〇年）も、最初の魔女迫害へのきっかけが害悪魔術を恐れる民衆による告発だった、つまり魔女狩りは下からの動きが基因であって、上（権力）からの抑圧というわけではない、との説で知られ影響力を揮《ふる》った。

その後のドイツの魔女研究の盛況は著しい。そのパラダイム・シフト、すなわち時間・空間を限定した地域史研究としての魔女研究への転換の先駆けは、アメリカの歴史家エリク・ミデルフォートの『南西ドイツの魔女狩り』（一九七二年）であった。彼は、数量史的要素も取り込みながら迫害の現場に対する行政的・法的関係の解明に徹底的に取り組み、犠牲者の数、時期・

地域・宗派による分布を正確に導き出した。この取り組みが国際的学派——とりわけドイツにおいて——を成し、以後、魔女迫害をその社会的・政治的コンテクストの中で叙述する地域研究が魔女研究のもっとも重要なモデルとなった。実際七〇年代後半から、ドイツ人の歴史家を中心に、神聖ローマ帝国のさまざまな地域をフィールドとして同様な方法と指針での研究が進められている。

神聖ローマ帝国は、何百という領域が複雑なモザイクのように入り組んで出来ていたので、その魔女研究は、当該地域(領邦)に関わる史料を悉皆《しっかい》調査して、魔女狩り(裁判と処刑)の規模、その展開のクロノロジー、空間的広がり、支配的理論との関連などを探り、また他地域との比較を加えている。ドイツ人研究者によるこうした構成の個別モノグラフィーはきわめて多く、ほかに史料集刊行や論文集・概説書執筆なども精力的に進められている。一九八五年にはドイツ語圏の研究者を中心に「学際魔女研究会」が結成されたことも付言しておこう。

一方フランスでは、ロベール・マンドルーによる魔女裁判とそれに関わった司法官の専門研究の後、エリート文化と民衆文化の相克——文化変容——および国王の絶対王政構築における中央権力貫徹の一環、という二つの観点から魔女狩りを見ているロベール・ミュシャンブレの研究、あるいはアルフレッド・ソマンの高等法院とその司法官に注目した——マンドルーを引き継いだ——研究などが注目されるが、ドイツと同様な地域史的立場からの魔女研究もふえてきている。
ドイツ、フランス以外に、イングランドやスコットランド、スペイン、イタリア、北欧、東欧などにまで、地域的な魔女の実証研究が広がっている。とくに近年、スイスの魔女裁判、サバト（魔女集会）観念、悪魔学者の見解などが、マルティーヌ・オストレロを中心とするローザンヌ大学の研究チームによって、集中的に探査されて、充実した成果が出ているし、アメリカでは中近世の魔女の専門雑誌も登場した。

こうした活発な研究により、ヨーロッパの諸地域の魔女と魔女裁判のありようは徐々に解明されてきているが、全体から眺めるとまだ道半ばで、最終的な像を描くことはできていない。現在のところ、アメリカのブライアン・レヴァックの概論が全般的見通しとして定評があり、版を重ねるとともに新版がアップデートされている。

ただ、ヨーロッパの魔女と魔女狩り全体を語ろうとすると、実証的な地方研究の成果の併記になってしまい、魔女の特徴も、魔女狩りの様態、原因、空間的・時間的展開なども、国・地域ごとにさまざまで統一的説明などできない、という思考放棄になりがちだ。かつての誤った史料解釈や実態把握が相次いで修正されているのは悦ばしいし、国や地域によって魔女狩りの時期や規模だけでなく、魔女が生み出され、魔女狩りが猖獗《しょうけつ》する政治や社会の状況に大きな差異があることは当然だろう。だが、そのように魔女を地域史の中に埋め込んでしまうのは、全体に通底するより根本的な要因から目を背けることにならないだろうか。

だから本書では、魔女が作り出され裁かれる共通の仕組み、根源的背景があったはずだと考え、魔女の誕生とその迫害について「総合的な理解」ができないか、試みてみたい。近年の多くの実証研究の成果を取り入れつつ、地域による違いやズレがあるならば、その理由も闡明《せんめい》したい。

最後に紛らわしい用語について一言。男性の〝魔女〟は、「魔男」というのは日本語として馴染みがないので、原則として「妖術師」を用いる。魔女や妖術師が悪魔・悪霊の助けを借りて人畜や環境に危害を加える魔術が「害悪魔術」(マレフィキウム maleficium)である。「妖術」はやはり魔女や妖術師の行為だが害悪魔術より広い概念で、人畜に害を加えない、空を飛んだり動物に変身したりする行為も含む。「魔術」(magia)は超自然存在(天使、悪魔・悪霊、精霊・妖精、死霊など)の力を借りつつ、自然の諸要素を操作する術で、善悪どちらにも傾きうる中立概念、いわば白魔術と黒魔術を併せたものである。本書で用いる「害悪魔術」と「妖術」の語がキリスト教的概念であるのに対し、「魔術」は必ずしもそうではなく、ゲルマンやケルトの民俗、そしてギリシャ・ローマやアラブの思想圏とも結びつく。魔術の実践者が「魔術師」である。

一方「呪術」(sortilegium)は民衆の間に伝統的に伝わってきた非キリスト教的・異教的な魔術で、その実践者が「呪術師」である。

目　次

第1章

魔女の定義と時間的・空間的広がり

「サバトへの出発」
（ダフィット・テニールス（子）周辺画，1700年頃）

現在、「魔女」というのはキャッチコピーとして用いられるほどありふれた言葉であり、一方で政治化するとともに、他方でサブカルチャーと化している。そしてその汎用性・曖昧性のために、歴史上の魔女の理解が妨げられている面がある。それゆえ本章では「魔女」を定義し、その特質と具体的広がりを見ていこう。第2章以下で個別局面を詳しく検討する前に、まずは一通りの全体像を摑んでもらおう、という狙いである。

魔女とは何か

呪術的手段で超自然的世界と交わる〝魔女〟は、古代から現代まで、ヨーロッパだけでなくアジアにもアフリカにもアメリカ大陸にもずっといたし今でもいる、というように人類学的に広く捉えることもできよう。事実、近年の魔女のグローバル・ヒストリー的な扱いは、その傾向を帯びている(第8章参照)。

しかし、そのようにあまりに拡大すると、魔女現象とそれが出来《しゅったい》した文化や社会・宗教との関わりを精密に論じられなくなるように思われる。したがって、ここではもう少し狭く捉えて、「魔女」というのは、キリスト教的ヨーロッパにおいて、一五~一八世紀に「魔女狩り」の対象となった人たちのことと定義しよう。

さらに付け加えると、「魔女狩り」の対象となった「魔女」というのは、悪魔（ルシフェル／サタン）と契約を結び、キリスト教の神を拒否して悪魔に忠順を誓って臣従する替わりに、授かった妖力を駆使して人間や動物・植物に害悪を及ぼす「害悪魔術」を操る者である。

だが、もちろん現実にはそうした人間は実在しないから、彼女たちの存在は、さまざまな災厄を魔女の仕業だと思い込んだ人々の妄想の中にしかない。だから私たちが相手にしなければならないのは、妄想によって濡れ衣を着せられた哀れな女性（一部男性）たちをめぐる出来事ということになる。

この魔女の――妄想の――出現は、悪魔についての理解の変化にも関わる。もともとキリスト教の教義では、悪魔は堕ちた天使で、人間への罰ないし諫《いまし》めとして、神の許しの下に悪行を恣《ほしいまま》にできる消極的存在であったはずだが、その悪魔の存在感は中世を下るにつれて膨張し、宗派対立と絶対王政の時代である近世になると、あたかも善神と張り合うまでになる。「神の許し」は申し訳程度になり、しかも霊的存在であるはずの悪魔と悪霊は、現世の人間の身体に物理的に働き掛けうるとも信じられた。さらに魔女は、悪魔によって幻惑された迷信家ではなく、自らの意志でその悪の力と結託（悪魔との契約）して、周囲の人や家畜に害悪をなすと考えられるに至るのである。

以上のような条件を備えた魔女は、ヨーロッパで地域ごとの時間的差異を抱えつつ、一五世紀前半に出現し始め、一六世紀後半〜一七世紀前半にもっとも蔓延し、一七世紀後半〜一八世紀初頭には消え去っていく。またこうした自由意志で悪魔と結託して害悪魔術を行う魔女は、必ず集団を成し組織立って行動すると想定され、ゆえに後で述べる魔女の異端セクト化およびサバトへの集合という要件も、同時に備えるようになったのである。

以下、もう少し詳しく説明しよう。

悪魔との契約

今、魔女が魔女たるべき要件のひとつは、「悪魔との契約」だと述べた。悪魔との契約については、中世末の魔女論や悪魔学にはじめて登場し、それ以前の異端審問では出てこない。最初期の言及は『ガザリ派の誤謬』(一四三六〜三八年)に見られる。ベストセラーとなった悪魔学書『魔女への鉄槌』(一四八六年。第4章参照)もこの「契約書」に重きをおいて、魔女の罪の尋常ならざる非道さを強調している。

魔女になる者が悪魔と契約を結ぶ特権的な場所は、先輩魔女に誘われて同行した「サバト」と呼ばれる集会(第5章で詳述)であり、三回目とか四回目の訪問のとき、というケースが多いが、サバト・イメージが定着する以前には——あるいは以後でも——日常生活の何でもない場所、道端・畑・家の前などで、突如出現した悪魔の言葉に籠絡《ろうらく》されて契約を結ぶこともあった。
人間の心理を鋭敏に読める悪魔は、標的人物にたまたま出会った振りをして、心弱き女性の迷いや弱みにつけ込んで誘惑する。その際、変身の名人である彼は、若い職人や農夫に化けるばかりか、しばしば洒落込んだ美男子に姿を変えた。亡夫の姿で寡婦のベッドに潜り込んでくることさえあった。

生涯にわたって悪魔に忠実に仕える契約に同意した魔女は、その遵守の証《あかし》として、教会、イエス・キリストとマリアや諸聖人、洗礼や聖体拝領などの秘蹟、執り成しや祈りの力など、教会の組織・教義・典礼のすべてを否定する。そして十字架に唾し踏みにじって、キリスト教放棄の象徴とする。さらには悪魔の教会のメンバーになるべく、悪魔による再洗礼を受け、新たな洗礼名をもらうのである。

この契約を結ぶや、魔女はもはや神のことを考えられず、教会堂に入ることもできなくなるが、替わりに特別な力＝他人への害悪能力を授かり、また金銭など望みの品を受け取るのである。ついで

図1-1　ユルバン・グランディエの悪魔との契約書（グランディエについては第8章参照）

図1-2　悪魔の尻に接吻する魔女（フランチェスコ・マリア・グアッツォ『魔女要覧』1608年より）

――これはサバトでの冒頭の儀礼とおなじだが――悪魔に臣従礼を捧げるべく、その尻に接吻する。すると悪魔は、魔女の自分への忠誠の証として彼女の身体のどこか、隠れた部分に刻印する。また悪魔は彼女に注意深い指示を与え、必要に応じて悪行のための粉末（毒薬）、空中飛行のための膏薬、商売のための小像を与える。

悪魔が標的として狙う相手は、孤立して貧窮に苦しんでいるケースが多く、だから悪魔は金品やめったに手に入らない贅沢品を約束するのである。悪魔は自らが魔女の愛人ないし夫になると持ちかけたり、魔女が男の場合は、女性に息を吹き掛けるだけで彼女が彼に対して恋に落ちると請け合ったり、近隣関係のトラブルで恨みを抱えていれば、その復讐をする手立てを約束したりもする。

いずれにせよ、悪魔は親切な申し出をし、何度も繰り返し誘い、逢瀬を重ね、励まし、相手の心を摑んでいって「契約」に至るのである。いったん結んだ契約は解消できず、悪魔への服従から抜け出そうと思っても不可能で、一生彼女を頸木《くびき》に繋ぐのだという。

ところでこの悪魔との契約は、サバトで公的な儀式とともに締結されるか書面で正式に結ばれるもの（明文契約）のほか、秘密の内に口約束だけで済まされるもの（暗黙契約）もある。魔女裁判の尋問項目の中にも、たいてい契約のことがあり、裁判官は被告に、自分の血でサインしたのかあるいはインクでなのか、などと問うた。ただしこの契約書は、魔女の自宅を探しても見つからない。というのも悪魔によって不可視にされたからである。なお契約書の物質性が消え去るように、魔女がもらった物的富も煙のように消滅する。悪魔がくれた金貨・銀貨は手の中で消えるか、木の葉や泥や排泄物となってしまうというのが普通のパターンだった。

口約束だけの場合でも、彼女は、同意・忠誠を行動で示すことを求められる。すなわち教会に通う替わりに反教会たるサバトに行かねばならず、その実行がすなわち契約遵守の証になるのである。

魔女は自由意志で悪魔と契約を結ぶゆえ、彼女は被害者ではなく加害者、近隣住民や人類への大罪を犯した罪人なのだ。

異端セクト化

もうひとつ、魔女が正真正銘の「魔女」となったのは、彼女らが一種の集団、セクトとしてまとまったときである。おかしな言い方だが、一人孤立した魔女はまだ本来の魔女ではないのである。

そして集団としての魔女は、最初「異端」の一派として裁かれた。つまり当初は、彼女らは異端という大きなカテゴリーの中に埋もれていて、魔女としてのアイデンティティーを獲得してはいなかったのである。すでに一一世紀には、悪魔を崇拝する異端の存在が指摘され、彼らはキリスト教を呪詛し、儀礼殺人や乱交などあらゆる悪行をなしていると考えられたが、まだそこには魔女としてのレッテル貼りはなかった。

この一種の悪魔教信者としての異端者たちは、一三世紀前半、異端審問制(第2章参照)が本格化するとその網に捕まり、次々と裁かれていく。そして後には、彼らはたんなる異端ではなく、神の教えを棄てて悪魔のそれに従ったがゆえに「背教者」として、特別に呪わしい存在だと見なされる。とくにカタリ派などは善悪二元論に近づき、その結果、悪魔の邪悪な企みと悪しき創造力の規模を宇宙大に想定して、悪魔＝悪神を激しく嫌悪・恐怖した。ところがその宇宙での善神と悪神の互角の戦いの教義のせいで、カトリック側によって彼ら自身が悪魔教徒と指弾されたのである。カタリ派は生殖を悪魔の業と軽蔑したが、それも彼らが堕胎・子殺しと人肉喰いを日常的にしている、という妄想を敵対者(カトリック教徒)の胸に掻き立てた。さらにワルド派やフラティチェッリという異端グループやテンプル騎士団も、おなじ穴の狢《むじな》だとされた。

こうして本来の魔女が一五世紀に登場する以前に、特殊な異端としての魔女の輪郭が定まっていく。そして一五世紀前半スイス西部で、はじめて集合概念としての魔女が、悪魔礼拝の場である「サバト」概念の登場とともに現れ、サバト仲間＝魔女が、逮捕者の自白によって連鎖反応的にあぶり出されていくのである。サバトについては第5章で詳説しよう。

魔女の害悪魔術

魔女とは悪魔の共犯者となって呪われた能力を手に入れ、隣人や地域住民に害悪魔術を行う人である。それはどんな害悪魔術なのだろうか。

魔女の大半が農民であることから、害悪魔術には、農村の日常生活を脅かすものが大変多かった。もっとも頻繁なのは、人を病気にしたり怪我をさせたりする妖術だ。たとえば、頭痛、腹痛、足痛、関節炎、リューマチ、唇の腫れ、卒中、癲癇《てんかん》、痙攣《けいれん》、麻痺、下痢などがしばしば指摘されるが、とくに農民の仕事にとって大切な両腕が狙われた。他には、口をきけなくさせたり、耳が聞こえない、目が見えないという障害がもたらされた。

子どもが標的になるケースも多い。揺籠《ゆりかご》にいる子どもを、窒息させて殺すこともあるが、より頻繁なのは、鼻を曲がらせたり、ひとつの目をくりぬいたり身体に障害を加えて、親を困らせるやり口だった。

結婚した男女のうち、男性の能力を駄目にしてその義務を果たせなくする妖術もよく見られた。呪いを掛けて新婚男性の性的能力を奪取することもあれば、結婚した当初は問題なかったのに、しばらくして妻に近づくのも怖くなるようにさせることもある。こうして夫婦の仲を裂き、離反させるのだ。

人のほかに家畜（牛や馬、豚、山羊、ガチョウなど）も標的になる。餌に毒薬を混ぜて家畜を殺したり、病気にしたり、働けなくさせたり、不妊にしたりする。雌牛が狙われるケースでは、自分が猫に変身して隣人の家畜小屋にいる雌牛の乳を搾り取ったり、隣人の雌牛の乳の出を悪くする替わりに自分の雌牛の乳がタップリ出るようにしたり、バターやチーズの製造を邪魔して腐らせたりした。同様に鶏に卵を産ませなくする、という害悪魔術もあった。

「天候魔術」も多い。これはある地方に雹霰や大雨を降らしたり、雷や嵐を巻き起こしたり、旱魃をもたらしたりして、農作物に被害を与えるのである。穀物・果実を別の畑に移すという移送の妖術もある。悪魔の力を借りて、害虫すなわちバッタや毛虫、あるいは鼠などを大発生させて実や芽を食い尽くさせ、麦畑や果樹園を駄目にし、さらにビールや井戸水を腐らせることもあった。広域犯罪たる天候魔術の特徴として、これは個人犯罪ではなく地域の複数の共同体の魔女の共謀の仕業だ、と集団告発されることもあった。

魔女の妖術の主要手段は、呪法、毒盛り、そして邪視である。もちろんそれらが組み合わされることもある。

呪法には諸タイプがあるが、呪いの言葉を唱えるだけでも人や家畜に危害が加わった。人に対しては、呪いの言葉とともに憎しみの相手に見立てた蠟人形やヒキガエルを針や釘で傷つけた。典型的な天候魔術では、呪文を唱えながら悪魔からもらった毒の粉末や膏薬を火に投じたり、小川の水を空に向かって投げたり、池や水たまりに棒や指を突っ込んで神秘的な言葉とともに動かすと、雷鳴が轟き、嵐が起き、霰が降るとされた。

図 1-3　天候魔術（ウルリヒ・モリトール『魔女と女予言者について』1498 年版より）

女性が得意のやり口と考えられた毒盛りでは、毒の粉末を相手の食べ物に混入するほか、衣服に振り掛けるもしくは素肌に塗る、あるいは畑や果樹園に撒くのである。その毒は、さまざまな忌まわしい材料のほかに植物が利用されることが多く、毒草の知識は悪魔から教わった。毒草以外には、ヒキガエルやクモが頻繁に使われた。

魔女の肉体自体、害悪魔術の道具となる。というのも閉経し老いた女性の肉体は毒を産するとされ、とりわけ魔女は憎悪・嫉妬・虚栄で歪んだ魂が身体を狂わせ、その体液は腐敗して悪臭を発するからだ。彼女は息を吹き掛けて危害を加え、またその目は邪視を発して、それを受けた者を狂気にするか、殺してしまうと恐れられた。

『魔女への鉄槌』によると、邪視は、虚《うつ》ろで人のものとは思えぬ不気味な目であり、相手の魂を奪い取り、底しれない深みに落として狂気にし、ときに死に至らしめる。しかし十字架や鏡で防ぐことができるという。動物も邪視の犠牲になり、イングランドでは、魔女の邪視によって豚が治癒困難な病気になった記録が残っている。

こうした妖術は、いずれも農民にとっての生命財産を脅かし、それがひいては村の共同体の安定をも危機に晒すのである。

さらに見方を変えれば、魔女の妖術の多くは、リンダ・ローパーの言うように「母性」にまつわる魔術だとまとめられよう。彼女が挙げる典型例は、一六六九年アウクスブルクで裁かれたアンナ・エーベラーの事件である。彼女は、自らが産婆として関わった相手の女性や嬰児殺害の容疑をいくつも掛けられ、処刑された。その罪状は、彼女の作ったスープを飲んだ産婦が高熱・譫妄《せんもう》状態に陥って死亡した、別の女性は生理がこなくなった、あるいは何人もの嬰児や幼児が何らかの毒を盛られて身体が痩せこけて干からびた、他の子は自分の母の乳房から飲めなくなった、身体が毒素を含む熱い膿疱・水疱で覆われそれが開いて死んだ子もいた……といったものだった。この件以外にも、アウクスブルクでの魔女裁判の主要テーマは母性（母たること）で、母の役割と子どもを含むが、同様な母性をめぐる案件は他の地域においても少なくない。

つまり魔女というのは、養う替わりに損なう「悪しき母」なのであり、彼女のせいで栄養の流れが中断されるゆえに、嬰児・子どもは干からびたり死んだりする。こうした母性と反母性をめぐる犯罪は、魔女犯罪の大きく目立つ一角を占めていよう。しかしこれをより広く、宇宙大の生命流・生命周期の阻害と捉えてもよいだろう。そうすると、新生児への攻撃ばかりか、不妊・流産、子どもの溺死、家畜への攻撃、畑と作物への危害なども、広く人間と自然の母性・豊穣性への攻撃と見なせよう。

動物への変身と使い魔

他に魔女にできるとされていた「能力」は、空中飛行と動物への変身である。前者についてはサバトへ赴く手段なので、第５章で扱う。

動物への変身だが、これは多くの裁判記録に、サバトに飛んでいくときのほか、悪事を効果的にし、見つけられずに移動するための変身として、自白の中で、あるいは被害者の目撃証言として記録されている。では魔女はどんな動物に変身するのだろうか。それは猫や狼のほか、山羊、牛、犬、兎、フクロウ、コウモリ、鼠、カラス、カエル、蟹などである。魔女は標的の人間の家に密かに入り込むために、虫や鼠に変身すると考えられ、魔女騒動に襲われた地域では、家の中では虫や鼠を、外では野兎や野犬を、魔女が変身している姿ではないかとひどく恐れた。

一六四九年イングランドで起きたある魔女事件では、ロンドン近郊のセント・オールバンズのジョン・パーマーという男の〝魔女〟(妖術師)が、仲違いしている若者を苦しめようとヒキガエルに変身した。そしてヒキガエル姿で道路で待っていたところ、魔法を掛ける前にその男に蹴られてしまった。彼は帰宅後、人間の姿に戻って向こう脛が痛いと嘆いた。他にも、兎や猫に変身した魔女が、犬に嚙まれてしまうといった話もある。

だが神学的には、この動物への変身が現実かどうかには異論もあり、悪霊の術策により、または幻覚を起こす膏薬のせいで、(自分の)感覚がごまかされているだけだ、あるいは魔女が周囲の人に幻術を掛けているだけだ、という悪魔学者も多かった。人間を貪り食う恐るべき狼男・狼女については、感覚の惑乱との説もあったが、『魔女への鉄槌』は、悪魔に憑かれた本物の狼とする。一方近世フランスを代表する政治思想家であり悪魔学者でもあったジャン・ボダン（第4章参照）は、悪魔の力によって人間が実際に変身させられている、とした。

日々、狼の害に怯えていた農民たちの想像界には狼男が取り憑いていた。フランスでは一五七〇年代から一六一〇年代に「狼男現象」とそれに対する恐怖が雪崩のように襲い掛かり、とくに森に覆われた所で夥しい狼男／狼女が魔女（妖術師）として裁かれた。ドイツでも、一五八九年にケルン地域で一四人の子どもを殺したペーター・シュトゥッベをはじめ少なからぬ狼男を生み出した。魔女（妖術師）の狼への変身は、悪魔と契約して手に入れた特別な抽出液か膏薬、または狼の毛で編んだベルトを身につけることで実現すると考えられた。

動物への変身能力に触れたついでに、「使い魔」を説明しよう。使い魔とは、悪霊の一種だが、動物の姿をして魔女に仕え、主とともに悪行を遂行し、また魔女の「愛人」として情交する存在である。これは悪魔から契約時の約束の証として与えられるのが普通だが、母や祖母、友人から譲られるというケースもあった。

使い魔は、予想されるようにいずれも小型動物である。犬・猫・兎、七面鳥・鶏・ひよこ、鼠・イタチ・モグラ・コウモリ、トカゲ・カエル、クモ・ハエなどで、魔女がその自宅で飼い慣らし、いつも一緒にいた。とくに教皇グレゴリウス九世が一二三三年の教書で悪魔の仲間と断じたヒキガエルは役に立った。それは夫婦を仲違いさせる性魔術に使えるし、その排泄物を棒に塗れば飛べるようになると考えられたのだ。魔女騒動が巻き起こった村では、魔女の住んでいるあばら家の中を探して、ヒキガエルの群れを見つけ出して退治することもあった。

使い魔の餌としては、ボウルからミルクやビールを飲ませ、またパンや肉の小片などを与えることもあるが、彼らは主人たる老女の血がもっとも好物であった。そこで使い魔を飼っている魔女には、その身体に一種の乳首や疣《いぼ》のような突起した吸口があった。イングランドのサフォーク州の魔女マーガレット・ワイヤードは七匹の使い魔を所持していたが、自分には五つの「乳首」しかないので、使い魔たちは、ミルク吸いの時になると豚のように乳首を争いあう、と自白している。

この「乳首」は、いわゆる「悪魔の印」(悪魔との契約の証)と同一視されるときもあるし、別物とされることもある。この吸口から血を与えない場合は、魔女は自分で鼻血を出して飲ませた。

イングランドの魔女裁判できわめてしばしば使い魔が登場し、名前まで与えられているのは、イングランド人のペット好きが反映しているのだろう。中近世のイングランドでは、聖職者や修道女、そして世俗貴族らが猿や小犬、小鳥、リスなどを身近において肌触れ合い戯れていたし、ミニアチュール(写本挿絵)や詩などにもペットが描かれ歌われている。こうした事情を勘案すると、使い魔とは、まったくの妄想である場合もあろうが、往々にして実際に飼っているペットがそのように誤解・曲解されたのではないだろうか。

迫害の主対象は年老いた女性

後段で述べるように、「魔女」には一部男性もいたし子どももいた点に注視すべきだが、それでも――地域差は大きいとはいえ――全体として八割程度が女性だったようである。もっと女性に偏っている場合もたびたびで、たとえばエセックス州の魔女裁判の綿密な研究は、魔女と告発された者の九二%が女性だったたと証明した。この割合はイングランド全般にもほぼ当てはまり、またスウェーデンや、ケルン(ドイツ)、バーゼル司教区(スイス)、ナミュール伯領(ベルギー)、シュレージエン(ポーランド)のナイセでも同様である。フランス東部のジュラ地方の一部では、女性が九五%を占めた。

また年齢については、ジュネーヴとエセックス州の例では告発された魔女の平均年齢は六〇歳、ドイツのマインツ選帝侯領からは平均年齢五五歳が導かれる。一六七六年のイトシュタイン(ドイツ南西部)の魔女狩りでは三一人が処刑されたが、半数以上が六〇～七五歳の間だった。他のヨーロッパ地域でも、ほとんどの魔女が五〇歳を超えていた。すなわち魔女というのは、当時の寿命から考えれば最高齢の年齢階梯に属する人たちであった。だから魔女狩りとは、フェミニズムの立場からは、まさに「男性の女性に対する、とりわけ老女に対する犯罪」であろう。なぜこうした性的犯罪が起きたのか？

まず何より、知的エリートらの間にあった畏怖と表裏一体の「女嫌い」の伝統が第一の要因だろう。エヴァの裔たる女性は邪悪な存在、迷信と不信心の権化であり、彼女らは男性を巻き込んで罪に陥れるばかりか、キリスト教共同体を危殆《きたい》に瀕せしめる。そして女性の性格・悪徳としては、愚昧・淫乱・狡猾・策略・欺瞞・忿怒・貪欲・狭量・喧嘩好き・復讐心・無駄話・強情・悪罵・叫喚・詮索癖・嫌がらせなどが挙げられる。

女性嫌悪と差別の根源は、長いキリスト教的伝統にあった。「女嫌い」の妄想は、聖書の章句を過剰解釈しながら古代末期・初期中世の教父らがまず作り上げ、中世の神学者・修道士らが引き継いで拡大していった。そして一三三〇年頃、教皇ヨハネス二二世の要請でフランシスコ会士アルバロ・ペライヨの作成した『教会の嘆き』に至っては、女の悪徳と悪行が一〇二項目にわたって延々とつづいている。

一三世紀以降、ますます女性差別が身体化され、反女権主義が深刻化していったことも、魔女現象を考える上で重要だろう。老女は肉体自体が汚れて悪に染まっており、それは医学・自然科学の知見から学問的にも説明される。すなわち月経を失った老婆は毒を体に溜め込む。そして四体液のうち黒胆汁(メランコリー)が過剰になり、夢想に溺れて妖術に向かう。その身体は土・水・火・空気の四大元素のうち土に近く乾燥して冷たいため、熱を必要とするが、それが彼女の情欲を掻き立て淫乱にする。老女には人間のお相手が見つからないので、闇の帝王

(悪魔)の誘惑に落ちる……。

こうした老女非難のグロテスクな形を、一五世紀から一七世紀の悪魔学者らが受け継いだのである。たとえば『魔女への鉄槌』の著者ハインリヒ・クラーマーにとっては、魔女が女性なのは、何と言っても女の肉体が淫乱に出来ているからで、その肉欲が妖術の原因となる。女らは退嬰的な肉欲を満たしてもらおうと、盛りの付いたメス犬のように悪魔と戯れたがるのだ。つづく時代の悪魔学者も同様な意見である。ジャン・ボダンは、女は淫らで、似たものどうし、淫らな悪霊と交わると考えたし、アンリ・ボゲ(第4章参照)も、すべての女は潜在的に色情狂で、サタンは女らが肉欲を悦ぶことをよく知っており、こうしたくすぐりによって彼女らを屈服させるという。ピエール・ド・ランクル(第4章参照)も女は獣のように愚かで、淫乱な女の本質が悪霊との姦淫に導き、だから魔女には男より女が多いのだ、と同様な見方をしている。

以上のように、ヨーロッパの古代から近代に至る反女権主義がもっとも燃え上がったのが、近世の魔女狩りの時節であった。だがこの女性厭悪は、その肉体の神秘への畏敬・恐怖をも同時に伴っていよう。女性の肉体は母性として豊穣の源であり、その生理、妊娠・出産、授乳などは宇宙の動きと感応している。ゆえに魔女狩りをする者(男たち)は、一方で女性をなべて呪いつつ、他方では、母性機能を失った老女を選び出して――若い女性は免除して――血祭りに上げるという選別をしていた。

またこれらの反女権的イデオロギーは、近世的な神聖なる国家建設、都市形成とも絡んでいた。当時の政治体制構築の中で、聖俗エリートらは何より父権制をモデルとする体制を作ろうとしていた。それを底辺で支えるのが、立派な家長が治める「聖なる家庭」だ。その方針に反抗すると見なされた女性が、一種の儀礼的な暴力で祓われたのが魔女狩りであろう。サディズムの濃厚な拷問・処刑形態はそのように考えれば説明できるし、またサバトに明瞭な魔女らの集団構成自体、男のリーダー(サタン)に女が服する父権制的形態に組織化されているのも興味深い。

ここに述べた女性嫌悪・忌避の言説と観念は、女性とりわけ老女を魔女に仕立て上げるためのもっとも強力な原動力になったが、それが発現する場と契機がなければ、あのように残忍な魔女狩りの炎は燃え上がらなかっただろう。それについては第7章で解明しよう。

迫害時期・地域と規模

さて、ここで魔女裁判はどの地域でどのくらいの数、行われて、犠牲者は何人くらいに及んだのか、これを年代的に示したい。古文書博捜にもとづく近年の研究成果により、どんどん具体的数字が出て来ている。その結果、悪魔学者や司法官あるいは年代記作者の書いている「数字」は、しばしば大袈裟で当てにならないことが明らかになってきた。たとえばフランシュ＝コンテ地方で活躍した悪魔学者のアンリ・ボゲが、ヨーロッパには魔女が一八〇万人いると述べたり、ロレーヌ地方で魔女裁判に辣腕《らつわん》を揮った検事総長ニコラ・レミ（第4章参照）が、自分は一〇年で八〇〇人以上を火炙りにしたと断じたりしているのは、過剰な数で、法螺話・自慢話の要素がある。一六世紀アウクスブルクの年代記に八〇〇〇人とか三万人とかの魔女がいると書かれているのも――当市の人口が四万ほどと推定されるので――ありえない数だ。

だからかつて信じられていたような、魔女狩りには数百万の犠牲者がいた、とする評価は、現在の研究者からはまったく支持されていない。各地の実証研究から得られるデータをもとにした慎重な計算では、一五～一八世紀という魔女狩りの時代に、ヨーロッパ全体で最大五～六万人が魔女として火刑ないし絞首・斬首などで処刑されたという見積もりで、主な研究者たちの見解は一致している。告訴され裁判に掛けられたのはその二～三倍か。しかしながら、裁判記録がそもそもなかったり、紛失欠損したりしたものも多いし、新たな記録もどんどん見つかるという事情や、処刑されないまでも自殺や餓死・衰弱死による獄中死や、裁判所の外でのリンチ殺人（たとえば現ベルギー南部と北東フランス・ルクセンブルクにまたがるアルデンヌ地方では通算して三〇〇人がこうして殺された）も少なくないことを勘案すると、魔女狩りの犠牲者となったのは一〇万人近くと計上する学者がなおいるのは、理解できる。処刑されなかったものの、長期の投獄や拷問で衰弱して寿命を縮めた人、村八分で追放され、寄る辺なく行き倒れた人などを含めれば、何倍にもなることは確実である。

また魔女狩りは、ずっとおなじような激しさで行われたのではなく、迫害のリズム、高揚沈下のうねりがあった。一五世紀以前は、まだ「個人」としての呪術師に対する裁判が中心で大規模な迫害はなかった。ヨーロッパ全体として見ると——地域ごとに拡大開始時期は、一〇年とか二〇年とか、多少ずれるが——、一四二〇年代から各地で裁判が多くなり、大規模迫害の最盛期は、全体的にはおおよそ一五六〇年代〜一六三〇年代で、とりわけ一五八〇〜九〇年前後と一六一〇〜三〇年前後が最大のピークと言える。神聖ローマ帝国にはもうひとつ一六六〇年代にも迫害の大波があり、フランスの一部や北欧では一六五〇〜七〇年代がピークだった。そしてどこでも一七世紀後葉には弱まって一八世紀初頭にほぼ消滅していく。

もう少し具体的な地域名を挙げて、それぞれの規模や進路を見ていこう。まず最初の——集団としての——魔女狩りは一五世紀前半スイスから始まり、まもなくほぼヨーロッパ全域に広まるが、猖獗したのは、主にヨーロッパ中央部であった。すなわちドイツ南部と西部、またフランスと神聖ローマ帝国の境界域〈南ネーデルラント、ルクセンブルクとロートリンゲン〈ロレーヌ〉、エルザス〈アルザス〉、フランシュ＝コンテ、ドーフィネ、スイス〉、さらにはフランス王国の別方面の辺境である南仏やノルマンディーでひどい魔女迫害があったのである。

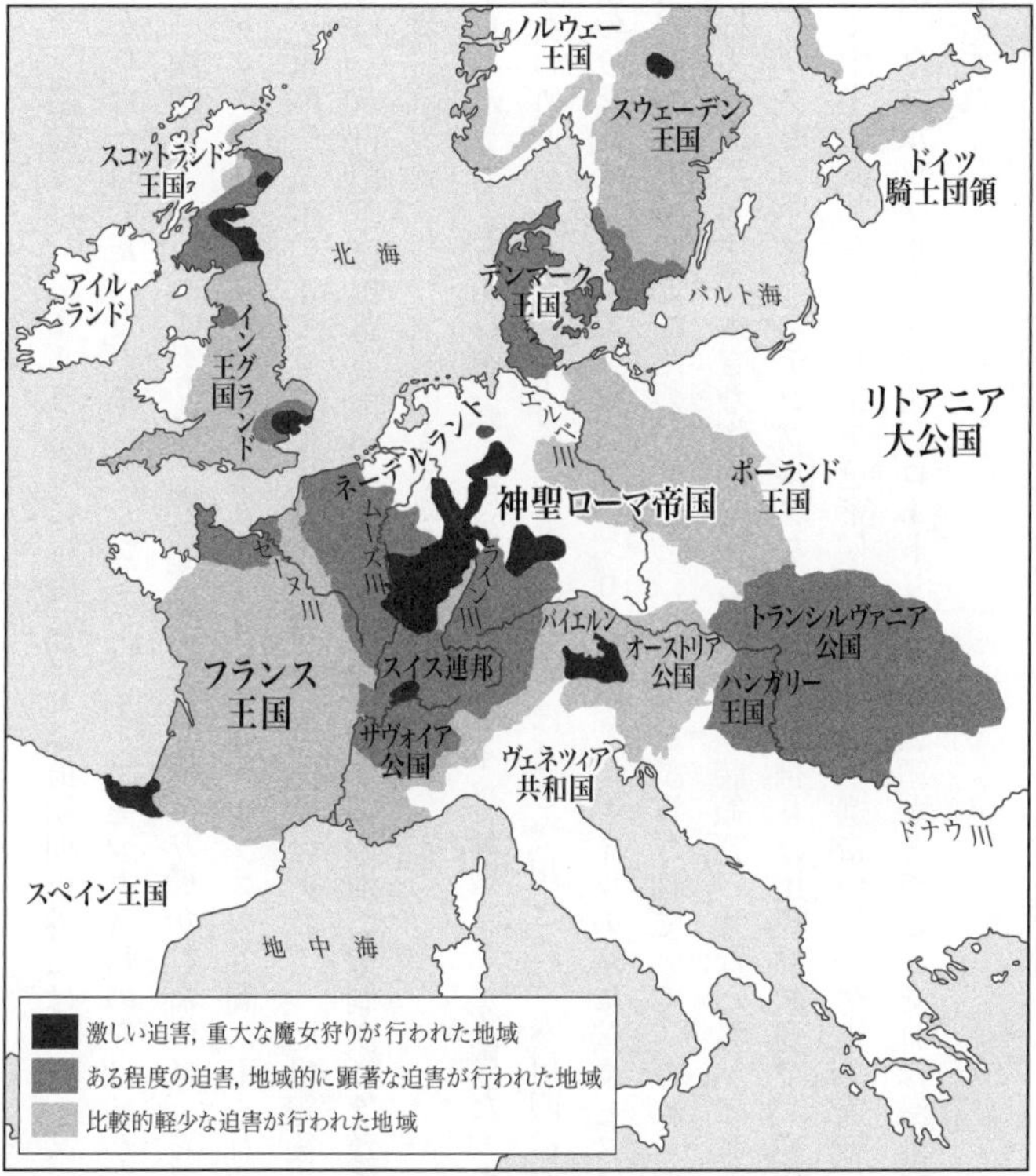
ノルウェー
王国
スウェーデン
王国
ドイツ
騎士団領
スコットランド
王国
北 海
アイル
ランド
デンマーク
王国
バルト海
イングランド
王国
リトアニア
大公国
ネーデルラント
エルベ川
ポーランド
王国
神聖ローマ帝国
ムーズ川
セーヌ川
ライン川
バイエルン
トランシルヴァニア
公国
オーストリア
公国
スイス連邦
フランス
王国
ハンガリー
王国
サヴォイア
公国
ヴェネツィア
共和国
ドナウ川
スペイン王国
地 中 海
激しい迫害，重大な魔女狩りが行われた地域
ある程度の迫害，地域的に顕著な迫害が行われた地域
比較的軽少な迫害が行われた地域

図 1-4　魔女狩り地図

ブリテン諸島では、アイルランドには魔女狩りは最初期以外にはなく、スコットランドでの盛り上がりは一時的だった。イングランドでは——エセックス州のみは多かったが——少な目だった。南欧（スペインやイタリア、南仏）で魔女狩りに取り憑かれたのは、ギエンヌ、ベアルン、ラングドック、バスク、ピエモンテと北イタリアのアルプスの谷間に限られていた。

北欧・東欧や北米のイギリス植民地での魔女狩り開始は遅れ、一七世紀後半から激しくなり、東欧では一八世紀半ば以降までつづく。その中では、ポーランドでかなり深刻な魔女迫害（三〇〇〇人ほどが告訴され約二〇〇〇人が処刑）が起きた。

ヨーロッパでもとりわけ猖獗を極めたのは、ドイツ（神聖ローマ帝国）だった。ヨーロッパ全体の魔女の処刑のうち、約半分（二万五〇〇〇人）はここで起きた。人口的にはヨーロッパ全体の二割のみを構成するので、その集中ぶりが分かる。ドイツの南に接するスイスでは約一万人の魔女が裁かれ、処刑されたのが五〇〇〇人以上と試算されていて、これも際立って多い。安定した権力基盤で君主が大きな権力を振るうドイツ諸領邦、すなわちバイエルン、ヴュルテンベルク、ザクセン、ブランデンブルクなどでは魔女狩りは比較的微弱で、逆に政治的統合がもたついた中小の領邦たるトリーア選帝侯領、マインツ選帝侯領、ケルン選帝侯領、バンベルク司教領、ヴュルツブルク司教領、ロートリンゲン公領などでは、それは激烈で規模が拡大する傾向にあった。

おなじ地域・領邦においても、君主の「熱意」が魔女狩りの規模の大小を左右することは言うまでもない。全般に、領主が司教や大司教――悪名高い「魔女司教」(Hexenbischöfe)――である場合、あるいは修道院領において迫害がひどかった。単一の裁判における最悪の犠牲者を出したのは、バイエルン公家出身の大司教フェルディナント(在位一六一二～三七年)がケルンで推進した魔女迫害により、およそ二〇〇〇人が命を失ったケースである。また一七世紀初頭、フルダ修道院長によって七〇〇人以上の魔女が死に追いやられた。クヴェードリンブルクの修道院領では一五八九年のある一日のみで一三三人の魔女が処刑された。ヴュルツブルク司教領では一六二三～三一年フィリップ・アドルフ・フォン・エーレンベルク領主司教が同司教領内の九〇〇人を処刑させ、同様にバンベルク領主司教ヨハン・ゲオルク二世フックス・フォン・ドルンハイムは一六二六～三一年に六〇〇人以上を火刑台送りにした。さらにアイヒシュテット＝バイエルンの司教領では、裁判官は一六二九年のみで二七四人を極刑にしたし、エルヴァンゲン領主司教による凶暴な魔女狩りの結果、一六一一～一八年にかけて三九〇人が火刑台の露と消えた。

魔女狩りの政治状況

上に見たように、おなじヨーロッパでも、魔女狩りの発生の時期と激しさは国・地域によって大きく異なる。魔女狩りを生み出し、激化させる自然的・社会的・文化的要因については、いくつかのパターンを第7章で詳しく考察することにして、ここでは、はっきりとした地域別の差異を生み出したと思われる、政治・法制度の状況を一考してみたい。

その前に地勢・風土の影響についてだけ、触れておこう。たしかに魔女狩りの盛んだったスイスやヴォージュ山地(ロレーヌ地方南部。第3章で詳述)などは高い山々と渓谷、深く暗い森に特徴づけられた恐ろしげな風土だし、またドイツに注目しても、比較的魔女狩りの少ない地帯(ニーダーライン地方、北・東ドイツの低地――メクレンブルクを除く――とバイエルン)などは、バイエルン以外、地勢的に平地であった。他方魔女狩りの盛んだった南部は中級山岳地帯で起伏が多く、周囲に山や森、沼地、荒野が広がっていた。

これら山岳・渓谷・森林地帯は神秘の里で、異教と迷信の巣窟だったから魔女狩りが盛んだった、とも考えられるが、それ以上に、むしろ複雑な地形が政治・行政の入り組みと重なり、中央による一円支配が及ばなかったという、次に説明する政治地理の影響と考えてよいだろう。

すなわち、他国に比してドイツ(神聖ローマ帝国)で魔女狩り熱が異様に高まったのは、中央集権的な政治秩序が貫徹せず、中小の領邦に分裂した権力分散状態が広がっていたり、あるいは共同統治領や飛び領地が含まれたりして支配が入り組み、法・権利関係が錯綜し複雑化したことが原因である。そうした所では、発動主体が領邦君主であろうと民衆であろうと、魔女狩りがいったん発生するやそれを止めることができなくなったのだ。というのも、帝国最高法院が訴訟法原則を無視した領邦の裁判を無効として魔女を救済するケースはあったが、その数は少なかったし、領邦における中央の支配、とりわけ裁判機構の中央統治が貫徹せず、各地域がそれぞれの在地領主とその下の自律性の強い在地裁判所を介して司法権を管轄していたからである。要するに中央は地方の裁量に任さざるを得ず、暴走気味な魔女狩りにお墨付きを与えることで、からくも威信を保っていたのである。

上に例示したように、(大)司教が世俗支配権をも握った司教領邦で苛烈な魔女狩りが多いのは、君主が聖界の主でもあって霊的な使命感に燃えていたという理由のほか、世俗領主のような家系の連続性や家門の力に頼って領地を支配できない彼らには、ラント等族(領邦内の特権身分で領邦議会に出席できる)の主たるメンバーである聖堂参事会(の貴族たち)の家門との妥協が必須であり、ときに周囲から沸き起こる魔女疑惑を進んで取り上げて裁き、権威を示す必要があったからである。

フランスでも、王国の辺境で他国との領土争いがつづいていたり最近併合されたりした所では、なかなか中央の権威が及ばず、宗派も揺れ動いたために、魔女狩りが横行した。すなわちまずフランスとドイツの境のアルザスとロレーヌ地方では、宗派(カトリック、プロテスタント、再洗礼派)がせめぎ合う期間が長かった。そしてロレーヌ公国外部に向かってはフランス王と神聖ローマ帝国皇帝のいずれを最高君主として臣従するかで揺れ動き、内部では世俗領主・聖界領主・都市の支配領域が細分化して裁判管轄が複雑化し、中央と地方、地方どうしの権力・利権の争いもあった。バスク地方やフランシュ＝コンテ地方、さらにはスペイン支配下のルクセンブルクを含む南ネーデルラントについても、同様な事情を言い当てられよう。

およそ以上の地域をのぞいたフランスで魔女狩りが緩和されていたのは、中央集権がより貫徹しており、公共善の名の下に地方の勝手な行き過ぎを抑えられたこと、その司法面での現れとして、下級審がパリ高等法院への上訴を義務づけられていたこと……などがあろう。その結果、多くの被告が釈放されるか減刑されて、死刑を免れたのである。

ドイツ(神聖ローマ帝国)では、一五〇七年の『バンベルク刑事裁判令』を基に一五三二年公布された『カール五世刑事裁判令』(通称「カロリナ刑法典」)が、世俗裁判所における迫害激化の要因、悪の根源と言われることがある。「カロリナ刑法典」は、ローマ法と教会法の手続きを継受し、そのために帝国の刑事司法手続きが、それまでの当事者主義から職権主義へ、また弾劾主義から糺問《きゅうもん》主義へと大きく方向転換して、それが魔女裁判の基盤になったからである。さらに本法典では、魔女による害悪魔術を、人民と社会を攻撃する世俗の――世俗裁判所管轄の――特別に凶悪な犯罪として、火刑での処刑を定めているのだ。

「カロリナ刑法典」を受け入れた諸領邦は、それ以前からローマ法を参照することで領邦議会で慣習法（「ザクセンシュピーゲル」など）を統一化・規格化しようとしていたが、また独自に学識法曹を抱えることで、恣意的な解釈を繰り返し、「カロリナ刑法典」にあった制限規定（火刑の条件や拷問による共犯者あぶり出しの制限）を無視し、新たに独自の法令やポリツァイ条例（第7章参照）を定めたり、別の法律を引き合いに出したりして、過激な魔女狩りへと邁進したのである。ドイツでは一六世紀後半になると、魔女の犯罪は「例外犯罪」（crimen exceptum）と位置づけられて、悪評の犯罪人、子ども、被告の個人的な敵、家族・親族などの証言でも認め、立証条件を大幅に緩めた。

逆にイングランドで魔女迫害が少なかったのは、当国がコモン・ローの故郷でローマ法を受容せず、また異端審問がなかったこと、拷問禁止が徹底されていたこと、大陪審が重要性を低下させながらも刑事訴訟手続きにおいて当事者主義を存続させていたこと……などに帰されている。一方、スコットランドで一時魔女狩りが荒れ狂ったのは、王権がカトリックの絶対主義国家を真似ようとしたこと、加えて法慣習・司法手続きの面でもローマ法と教会法の特定の要素がスコットランド法に組み込まれ、しかも同国の魔女裁判の大半が司法訓練も経験もない地方権力によって行われていたという事情が推定されている。

スペインやイタリアでも魔女迫害が少ないのは、異端審問の管轄範囲についての考え方によろう。すなわちスペインの異端審問所はローマのそれと違い、教会の制度であるとともに国王が頤使《いし》する国家機関でもあった。そして異端や魔術に限らず、迷信、性的逸脱、ユダヤ人(マラーノ)、モリスコ(イスラームからの改宗者)、ルター派などを幅広く扱う一方で、魔術——悪魔の召喚、恋愛魔術、占い、予言——は厳しく処断しなかったからである。

イタリア(ローマ)の異端審問所については、ヴェネツィアやミラノでの異端審問で裁かれ処刑された者——ワルド派やプロテスタントのほか、世界創造をチーズから湧き出る蛆虫のアナロジーで捉えた粉挽屋のメノッキオなど——もいたが、そこでは魔女の妖術を罪状とするものは皆無で、皆、他の異端の容疑であった。ただし異端審問ではない都市政府や司教とその代理による魔女狩りは、北イタリアの一部では避けられなかった。

以上、地域ごとの魔女狩りの多寡の差の原因を、国家の中央集権化と分散化、法慣行、異端審問制のあり方、といった政治や法律の側面に着目して探った。カトリックとプロテスタントの宗派対立の影響については、第7章で考えよう。

第2章

告発・裁判・処刑のプロセス

「異端審問での公開の刑宣告を主宰する聖ドメニコ」
（ペドロ・ベルゲーテ画，1491–1499年）

本章では、それまで普通に暮らしていた人が、いかに魔女に仕立て上げられ、裁判に掛けられて、処刑されるか、そのプロセスをたどってみよう。疑いを掛けられた者が「魔女」になるには、必ず司法制度を介さなくてはならなかったことを考慮すれば、魔女狩りの中心にはつねに司法があったと言えるからだ。

教会裁判所と異端審問制

中世ヨーロッパの裁判所は、大きく世俗裁判所と教会裁判所に二分された。前者に属するのは、国王裁判所、領主裁判所、都市裁判所などであり、教会裁判所はキリスト教信仰に関わる霊的事項が案件の場合か、もしくは被告が聖職者のときに登場する。ただ霊的事項というのはじつは世俗領域まで広がっていることに注意しよう。たとえば教会裁判所には、秘蹟に対する裁治権があるので、結婚に関わるすべて、離婚やその合法性判断も担当するし、遺言に関しても専属的に管轄した。

当初は各司教区の司教が教会の下級裁判所を司ったが、やがてほとんどの場合、司教の代理人として大助祭が座るようになった。特別検事や書記官が大助祭を補佐し、また彼ら自身も教会法やローマ法に精通した人物に取って替わられた。上訴は大司教に行われ、最終的にはローマ教皇使節を経てローマに送られた。一四世紀になると国王裁判権が強化されるとともに、聖俗両権力間の論争が加熱した。そしてたとえば、結婚のうち民事契約は秘蹟から切り離され、その他の契約や遺言も世俗の領域に入っていった。一六世紀になると、大陸では教会裁判所は世俗的な機能をほとんど持たなくなった。

もともと妖術、つまり魔女を裁くのは教会裁判所の管轄であった。それは異端裁判の延長上に魔女裁判があったからである。ただし教会は「血を流せない」ので、処刑については世俗裁判所に引き渡した。教会裁判所は、罰金、名誉刑、拘置、鞭打ち刑から死刑までを宣告し、刑の執行は世俗の手で、という分掌だった。だが一五世紀末には、魔女裁判の主体はおおかた世俗裁判所に移り、教会裁判所は予審(証拠調べ)の主導権を握るにすぎなくなる。

ところで、魔女迫害の猖獗の責任が「異端審問制」の成立に帰されることがある。そうした考え方は正しいのだろうか。異端審問制が魔女と関わるようになるのは、次のような経緯による。前章でも触れたように、魔女は、まずは宗教的な罪として、別言すれば「異端」として他の異端者らと一緒に裁かれたからである。異端、とくにカタリ派やワルド派の蔓延が深刻な南フランス、北イタリア、そしてライン地方で彼らを発見し、誤りを認めさせて悔い改めさせ、異端放棄させるべく、教皇庁直属の機関として出来上がったのが、一二三三年に教皇グレゴリウス九世が創設した異端審問制で、その巡回裁判所が各地を経巡った。当初そのための司法官として選ばれたのは、もっぱらドミニコ会とフランシスコ会の托鉢修道士だった。魔術師・妖術師は通常、一般の教会裁判所で裁かれ、破門されるが、重大な害悪を撒き散らすと判断された場合には、本式の異端審問制に服するようになったのである。これは一三世紀末の変更であり、その後の魔女裁判が扱われる軌道を敷いた。

後述の教皇ヨハネス二二世の教書の後、グレゴリウス一一世(在位一三七〇～七八年)が一三七四年にパリの異端審問所に魔女・妖術師を裁くのを許可し、それはインノケンティウス八世(在位一四八四～九二年)時代になるとヨーロッパじゅうで大展開する。やがて対象は、あらゆる儀礼魔術・民衆呪術にも広がり、また教会や国王権威への反逆者もそこに含まれた。こうして異端審問所で「魔女」が裁かれるようになるのである。

異端審問制の登場で、裁判の様相は一変する。一三世紀までは、個人(被害者やその親族)が告訴する弾劾手続きを経て行われる親告方式の裁判が、教会裁判所でも世俗裁判所でも慣例であったが、異端審問所においては、それは糺問方式、すなわち当事者が告訴しなくても、裁判官とその属僚が職権で調査と裁判を進められる職権主義へと変じた。親告方式(当事者主義)だと告訴する人は明確な証拠を提示して証明しなければならず、それができないと自身が罰せられる恐れがあったし、あるいは被告が自白しなかったり証拠不十分だったりすると、神判や法廷

図2-1　スペインの異端審問で拷問を受ける異端者たち

決闘になることもあり、ゆえに告訴は容易ではなかった。

ところが糺問方式の異端審問になれば、証拠を残さず秘密裏に犯される異端——魔女も含めて——の犯罪は、物質的・直接的証明は困難ゆえ、検察官ないし裁判官が収集した噂や密告といった間接証拠(徴憑《ちょうひょう》)だけにもとづいて、訴訟の手続きを始められた。別に告訴人がいるときでも、裁判は裁判官主導で行われ、告訴人の立証責任はなくなる。この変化は、一一世紀後半〜一二世紀に復活したローマ法の研究進展の成果でもあった。

一四世紀には大きな異端運動が姿を消していき、異端審問所では魔術が主たる審理対象となって魔女がそこで裁かれたのである。審問では、拷問を含め手段を選ばず自白させようとした。本人の肉体から絞り出された「自白」こそ、合理的な証拠とされたからだ。公的秩序を侵害する一種の大逆罪である魔女は「例外犯罪」と位置づけられ、拷問はもとより、普通、裁判所で証言できない未成年者や女性も出廷し、しかも証人は名前を知られることなく秘密裏・非公開で証言できた。

しかしながらよく観察すると、異端審問制とその成立をめぐる教義変更はたしかに逆戻りできない「魔女製造装置」を創り上げたが、魔女狩りの大波の大きな責任をそれのみに押し付けるのは間違っていよう。実際は、アルプス以北の北方ヨーロッパでは、托鉢修道士が主宰する教皇直属の異端審問は、各地の司教から己の裁治権侵害だとの反発の声が上がり、まもなく行われなくなったからである。継続して行われたイタリア・スペイン・ポルトガル——イタリアのみローマ教皇庁直属で、イベリア半島ではむしろ国王に服していた——では、一六世紀前半以降、異端審問はむしろ魔女狩りを抑制したことが知られている。魔女の妖術とされているのは、悪魔崇拝の異端ではなく、精神異常・錯乱と見なされたのである。

だから魔女狩りの猖獗は、むしろ教会裁判所の管轄内容を簒奪していった世俗裁判所の責任であろう。

世俗裁判所の大きな役割

当初、教会裁判所(異端審問所)に補助的に協力していた世俗裁判所は、魔女狩りが広がるにつれ、どんどん主要な役割を果たすようになった。というのも妖術自体、世俗の罪と考えられるようになったからだ。

すなわち一五世紀になると、ヨーロッパではローマ法の受容の蓄積とともに、世俗裁判官は、告発や証人尋問の段階から異端審問の取り調べ方法を採用し始めた。そしてとくに一六世紀半ば以降になると、最後の処刑まで一貫して魔女裁判を取り仕切るようになったのである。法制的にも一六世紀には世俗的罪としての妖術が立法で定義され、たとえばイングランドの制定法(一五四二年、一五六三年、一六〇四年)、スコットランドの法令(一五六三年)、神聖ローマ帝国では前章で取り上げた「カロリナ刑法典」(一五三二年)などがそうで、他の国々でも魔女の犯罪を裁くための勅令や王令が定められた。慣習法に依存しつづけたイングランドやスカンディナヴィアをのぞいて、ローマ法が刑法のベースになって各国で適用され、それが魔女狩りを白熱させたことは前章で述べた。

これ以降の魔女狩りは、被告には弁護人が与えられず、何が自分の嫌疑かもまったく分からないまま、拷問で吐かされ、有罪とされて処刑されるルートが、世俗裁判所とりわけ在地の下級裁判所で敷かれていった。ドイツの諸領邦においては、中央の学識法曹、魔女裁判監督官や大学の法学部による鑑定と助言があったし、領邦君主とその宮廷顧問会、領邦議会もたびたび地方の暴走を抑えたとはいえ、それらはまったく不十分だった。フランスのような上訴制はドイツ諸領邦では制度化されておらず、それどころか、魔女狩りを正当化する法律を新たに定めたり勅令を発したりしたのである。さらに中央が始めた裁判を、下級(在地)裁判所の司法官に任せるケースも頻繁だった。中央から魔女裁判監督官が任命されて徴憑の当否を判断したり魔女狩りを指揮したりする場合でも、抑制・コントロールする替わりに、しばしば煽動し油を注いだ。

ドイツの魔女裁判の火床は——領邦管区、領主、そして都市の——在地裁判所で、それは領邦内の各管区にひとつないし複数あった。裁判官は領邦君主が任命するシュルトハイスないしフォークト(ともに領邦君主の役人で裁判高権を代表)が務めるが、判決は共同体代表の数名から十数名の名誉ある人士＝参審人が提案することになっていた。参審人の法律知識は地域により差があり、農村部ではまったく期待できなかった。

フランスについては、盛期中世には領主裁判所と都市裁判所の活動が旺盛だったが、王権の伸長およびその命を受けたバイイ、セネシャルら国王代官がふえると、両裁判所の権限・役割は縮小していった。後期中世以来、世俗裁判の主体は国王裁判所になり、バイイ、セネシャルが裁判長となって管区内の数カ所で定期巡回裁判集会(アシーズ)を開いた。やがて固定した場所での裁判(定所裁判所)が発展して前者に取って替わっていく。すでに触れたようにフランスでは上訴規定がしっかりしていて、最下級審のプレヴォ裁判所、領主裁判所、都市裁判所は、至高の封主たる王の裁判の最高機関＝高等法院に上訴する義務があった。

フランスでも妖術の裁治権は世俗裁判所にあるとされたが、最高責任者は国王であり、その司法機関たる高等法院であった。王国内の九つの高等法院は、法律の訓練を積んだ司法官から成り、北フランスの大部分に裁治権を持つもっとも重要なパリの高等法院は、魔女に関するすべての死刑判決について自分の所への上訴を義務づけ、そこで扱う当該案件は一五九〇年代から激増した。ボルドーでも同様で、その結果、多くの魔女の死刑を回避できた。他の地方の高等法院でも、足並みは揃わなかったが、徐々にパリに倣っていった。

図2-2　パリ高等法院でのシャルル7世の親裁座（『ジョヴァンニ・ボッカッチョ「名士・名婦列伝」仏訳』1458年の写本挿絵）

噂から始まる魔女狩り

こうした司法機構へと回収され

る前段階、共同体の中で魔女が仕立て上げられる最初のきっかけは「噂」である。そもそも一二世紀以降のヨーロッパの裁判実践において、噂は至極重要な扱いを受けた。とくにそれが多人数による裏付けのある噂だと予審のきっかけとなり、「証拠」として採用されるのである。つまり一人の人間の社会や集団内での受け入れられ方＝評判が、罪のあるなしを予め決めたのであり、当時犯罪とは、「噂」に表出する社会的結合関係の鏡と見なされたのである。

一五世紀以降活発化した魔女裁判でも、悪い噂・評判が、魔女狩りを開始させる最大のきっかけになった。「多くの人の叫びの後で」(post clamorem multorum)とか「民の叫びにより」(ex clamore populi)などと、史料には記されている。隣人に対する陰口や井戸端での女性どうしの噂話が夫や親族に伝わり、子どもまで知るようになって増幅し、中心広場や村長の家の前で語られる公然たる非難の叫びに変ずると、それは名指された人物の共同体の中での悪辣さの標になる。そしてその噂・悪評の内容が、まさに害悪魔術をめぐるものだった場合に、さらなる人物評価および悪魔との契約などの調査が始まる。つまり噂が公的な証拠となって、被告の有罪を予め基礎づけ、告訴状に有罪の根拠として記されて魔女裁判が開始されるのである。

被疑者とされる人物には、何年も前から悪評がくすぶっていることも多く、それが人々の記憶の底に残っていて、何か不幸や災厄が起きたとき、いったん落ち着いていた悪評が蘇って増幅され、大きな声になるのである。しかもそのような長期にわたって蟠《わだかま》っていた悪しき評判に対して、自己防衛や反撃を行わないこと自体が、疑念を裏付ける証拠と見なされた。

濃密な人間関係の張り巡らされた村で悪い噂を立てられるのは致命的ではあるが、それを防ぐには、隣人たちとトラブル・誤解のないよう、人間関係を円滑にするしか方法はない。そして第7章で見るように、そうしたトラブルや誤解が盛んに生み出される土壌、いわば住民たちに共有された苦悩に満ちたファンタスムが、残念ながら魔女狩りの時節には農村にも都市にも広がっていたのである。自分の家族・親族によって告発されてしまうことさえあったし、告発した者が何年か後にはされる側に回ることもある。ジャン・ボダンが勧めるように、教会に設置した「目安箱」に魔女の名前・犯罪・日時・場所・証人などを記入して投函する人もいただろう。

権力によって強圧的に裁かれる無力な人々、というのは魔女狩りの大きな構図としてはその通りだが、この「噂」の決定的役割から見ても、個別具体的な場面においては、魔女狩りの最初の推進者はつねに民衆だったと言ってよいだろう。自分の予想を超え、目論見とはかけ離れたとんでもない結果を生んでしまうとはいえ、彼／彼女はそれでも裁判活動の一翼を担うのだ。村人たちの思いに寄り添ってみれば、彼らには、一部の穢れた犯罪者群をきれいさっぱり切り取って、自分たちの共同体の清さ・秩序を回復したいとの切なる願いがあったのだろう。

名誉を失うと魔女にされる危険が高いという事情は、嫌われ者の老婆のほか、その共同体出身でないことが多い女性に不利に働いた。つまり他の村・地域から嫁入りする女性は、彼女らの素性をよく知らない近隣住民からしばしば不審の目で見られ、恐れられた。また女中など下働きの女も同様な理由で標的になった。噂・評判がきっかけで告発されると、被告は告発の根拠なさゆえ強く否認し、自分の名誉を守ろうとするが、一度広まった噂を打ち消すのはきわめて困難だった。

魔女発見人の暗躍

だが、噂が自然に湧き起こって裁判プロセスが始まる、というケースばかりではない。共同体内の不安や緊張を敏感に感じ取った専門の告発者がいる場合もあった。たとえば、フランスのルーアンでは一六七〇年に、九人のグループが合計五二五件の告発を行った。そうした告発者はしばしば地元の者ではなく、諸国を渡り歩いて魔女を探し当てる「魔女発見人」として知られた。

魔女発見人は、フランスでは一五世紀からいたが、とりわけ一六世紀末葉から各地で盛んに活動した。彼らは医者や外科医などのケースの他、多くは貧しい若者、たとえば羊飼いだったり、放浪者・浮浪者だったり、大学と縁を切った学生だったりした。しかしいずれも多少の読み書き能力を有し、各地の魔女騒ぎについての知識を収集した。彼らはあちこち歩いているうちに、いずこかの住民に暗影を投じている災厄の噂を耳にする。するとその地を訪ねて、災厄に苦しむ村人らに自分の悪魔や魔女についての知識を伝えながらその疑念や不安をある一定方向に向けさせ、「犯人」の名前を当の人々の口から出させる。つまり彼らは、人々の疑念、まだ人物を特定していなかった頼りない噂を、ある人物の上に焦点化するのである。

彼ら魔女発見人の信用は絶大であった。魔女特有の身体的特徴や、悪魔の付けた印を見つける特殊能力を持つとされていたのだ。彼らはその「仕事」のお礼に、少なからぬ労賃を住民から得られたため、あちこち巡り歩いては魔女を発見していった。フランスの高等法院は懐疑的であったが、下級裁判所はこれを信じて盛んに利用した。

一六〇八年のバスク地方での大迫害は、フランス国王のための地方軍事職に就いていた小貴族が魔女発見人となって始まった。若者・子どもの目利きも加わり、目の中に魔女の印を探した。またおなじ一七世紀にはフランス南西部ベアルン地方の三〇の村で、一六歳の時から魔女発見人として活動していた織工の徒弟のジャン゠ジャック・バケが六二一〇人(村平均二〇七人!)の魔女を発見した。しかし一六二七年には国務会議の布告がこの男の活動を禁止した。

イングランドで魔女発見人としてもっとも名を馳せたのは、市民革命期に登場し、自ら「魔女探し屋将軍」と名乗った怪しげな小郷紳《ジェントリ》、元イプスウィッチの法律家だったマシュー・ホプキンズ(図2-3)とその仲間のジョン・スターンである。彼らは一六四五〜四七年のイース

図2-3　マシュー・ホプキンズ(上)と魔女の使い魔たち

ト・アングリアの魔女事件で大活躍した。とくに身体にある使い魔の印(吸口)を見つけるのが、彼らの得意技だった。彼らの魔女探しはエセックスから始まり、三六人が告発され、一六四五年夏の巡回裁判でおそらく一九人が処刑された。北と西の隣接地域にも漸次広がり、多くの町や村で容疑者を見つけた。長期議会(一六四〇~五三年のイギリス議会で、ピューリタン革命の舞台になった)の特別な委託や各地住民の熱心な告発もあり、合わせて約二〇〇人の魔女を見つけて処刑した。

さらに一六二一年以前にフランスとネーデルラント境界域で、一六四三~四五年にラングドックで、一六四四~四六年にはブルゴーニュで、一六六一~六二年はスコットランドなどで、魔女発見人が暗躍したことが知られている。

魔女発見人は、住民から全幅の信頼を寄せられて活動したが、逆に不信感が高まると、彼ら自身が制裁された。他所から来て自分の親族を告発する目利きに住民が反発するのは、当然だろう。たとえば以下のような例が知られている。

ドイツのアイヒシュテットでの迫害に関与し、目を見て魔女を見分けることができるとされたある刑吏は、一五九〇年、帝国都市ニュルンベルクでも魔女狩りを始めて利益を得ようとしたが、捕らえられ処刑された。一六三〇年代には、ヴェストファーレン公領のバルヴェで、五〇〇〜八〇〇人を火刑台送りにしたとされるカスパール・ラインハルツが富裕な市民夫婦によってあやうく暗殺されそうになった。一七世紀初頭、パリ高等法院は、二〇〇人以上の死者を出したロクロワ(フランスとネーデルラントの国境沿い)の悪名高い刑吏兼魔女発見人を逮捕し、詐欺師と断じてガレー船での終身刑を言い渡した。一七世紀スコットランドでは、少なくとも一〇人の魔女発見人が知られているが、その中には、男性に変装した二人の女性も含まれた。一六五〇年、そのような魔女発見人の一人が詐欺の疑いで逮捕され、二二〇人の魔女とされる者の死に責任があると自白した後、処刑された。

魔女委員会と請願

魔女が仕立て上げられる最初の段階に噂や魔女発見人が介在した事情を述べてきたが、面白いのは、ドイツの一部にあった「魔女委員会」である。ドイツの歴史家ヴァルター・ルンメルやエヴァ・ラブヴィーによる一九九〇年代初頭の研究で脚光を浴びた組織だ。

現在のドイツのノルトライン＝ヴェストファーレン州、ヘッセン州、ラインラント＝プファルツ州などの一部、川に着目すればライン・モーゼル河畔、ザール川、ラーン川流域地方では、共同体が独自の苦情処理団体ないし委員会——すなわち魔女委員会——を組織して、魔女迫害に直接関与していた。委員会メンバーは数名から十数名程度で、相互に、そして市や村の全住民と役職者に対して宣誓した。指導的立場の若い世代(二〇代、三〇代中心)が主要メンバーであった。この魔女委員会は、一六世紀前半にトリーア大司教区に属するルクセンブルク公国のドイツ語圏で最初に作られ、その後一六二〇〜三〇年代にかけて他の地域でも創設されていった。魔女委員会は、公的な司法が始動する前に、村民たち自身の代表の集まる会議において、裁判開始に向けての告訴状を作り裁判所へと答申する非公式の組織だった。さまざまな支配地や領土でおなじように機能したが、形態はそれぞれ異なった。しかしどこでも迫害の活発化に大きく貢献したことは共通している。

実際、在地裁判所の司法官や地方役人は、自分たちの権限拡大にも資すると考えて、委員会を実質的な原告の私的連合体として認め、捜査、証拠(徴憑)収集、告訴状提出、証人の審理への立ち会い、さらには逮捕や監視まで任せた。こうして公的権限を委託された委員会は、裁判の行われる土地での実地調査、告訴の正当性に関する決定、とりわけ裁判費用の徴収について、推薦状という形で諸々の公的支援を受けた。君主またはその宮廷の財務府は、役人・廷吏の報告書から一般的な法的要件が満たされているとの印象を受ければ、当該委員会の協力を受け入れた。起訴に意欲的な地方司法官と委員会の利害が合致した結果、訴訟手続きそのものや上級裁判所に審査のために送られる裁判記録が、被告人に不利になるように設計されていたとしても、上位権力は見逃すかあるいは無視することにしたのである。

起訴状の起草や裁判所との書簡のやり取り、委員会用の答弁書や証人尋問の議事録作成のために協力してもらう法律家と公証人も、公平な専門家であるべきなのだが、彼らの採用が委員会の手に委ねられていた関係上、たいてい委員会の意向に沿うように振る舞った。それは裁判を成功させて、仕事の注文がどんどん舞い込むことを望んだからである。当局は暴走しがちな委員会に不審の目を向けつつも、委員会を禁止するのではなく、自分の統制下におこうと腐心していた。委員会は表向き、村落共同体の「総意」を表明する団体とされ、隠然たる力を発揮して当局に圧力を掛けることさえあった。

ただ実際には、魔女委員会は共同体全体の声だとか民主的な組織というのではなく、自分たちのグループ・党派の利害をまず追求したことを見落としてはならない。村の支配権を握るため村内の二番手のグループ——あるいはその下——が、現支配層を蹴落として自分たちの支配権を誇示するために魔女狩りの委任を得ようとするばかりか、相手方(現支配層)の妻や母を魔女として告発する、というケースも多いのだ。トリーア選帝侯都市コッヘムでは、農民と職人たちが、参事会に代表される都市貴族に対抗して魔女委員会を組織したが、それはまさに魔女狩りの体裁を取った蜂起であった。場合によっては魔女委員会が諸ツンフト(ギルド)の代表ということもあり、それらのツンフトが、村や町の主導権を旧来の支配的集団から奪おうとする階級闘争の面がそこにはあった。

ところで、委員会がなくてもその代用があった。これは「請願」という手続きを経るものである。ドイツのヘアバート・ポール、カール・ヘルターや日本の小林繁子が詳しく研究している手続きである。そもそも「請願(状)」とは、ドイツの刑事裁判において中世末から頻繁に利用され、すべての臣民がアクセスできるという意味できわめて民主的な制度であった。被告になった者、その家族や弁護人が裁判の不備を指摘してやり直しを求めたり、有罪になっても罪の軽減や恩赦を求めるために領邦君主、在地領主や役人、裁判所などに訴えを記した文書を提出するのである。だからこれは、後期中世から近世にかけてのフランスの赦免状とおなじような機能をはたしたが、被告が情状酌量を求めるばかりではなく、逆に告発のための請願もあり、それが魔女の告発に使われたのである。魔女を放置すれば神の怒りを買って住民に劫罰が下るし、魔女を取り除くことこそが公益だとして、災厄に見舞われた者やその噂を聞いた者が請願に名を連ねたのである。

とりわけドイツ最大の司教領邦たるマインツ選帝侯領での一六世紀末から一七世紀にかけて

の請願が顕著な傾向を示しており、中央機関(選帝侯／宮廷顧問会)に宛てられた多くの請願状によって住民らが集団で魔女を告発し、その具体的証拠を示し、逮捕拘禁の許可を願い、裁判を開始させようとした。こうして請願によって大規模な魔女狩りが次から次へと開始される。中央機関との橋渡し役の管区長やその代理など上級在地役人は、請願人たちの暴走を抑えようとするが、下級在地役人のほうは逆に、しばしば住民と一体になって迫害を推進した。たとえば、マインツ選帝侯領内の小都市ディーブルクでは、一六二七～三〇年、請願が発端となり都市参事会員の妻など上層市民も含む一四三名が魔女として裁かれ処刑されたのである。

また他の例を挙げれば、一五八六～八九年、北ドイツのリッペ伯領内のシュランゲン教区の魔女狩りは、住民の伯への請願によって始まり、慎重な態度の伯に住民は正義の剣を揮うよう促し、老婆と娘らが処刑された。さらに一六二九～三〇年のドイツ南西部ヴェルトハイム伯領での魔女迫害は、臣民らが魔女の害から解放してくれるよう支配者に強く求めた一連の請願によって発動され、一三名が処刑された。

この「魔女委員会」や「請願」による魔女狩りの暴走が語っているのは、いまだ自律性が顕著な農村や都市の共同体を内に多く抱える弱い領邦では、領邦君主権力の威信強化のために、あえて下から湧き出てくる魔女狩りへの熱意と在地の司法を利用して、臣民の欲求を満たしてやろうとした、という顚末である。そのようなやり方で魔女の妖術という凶悪犯罪を根絶すれば、住民を守るだけでなく、領邦君主および神の名誉を守ることになる、と考えたのだろう。

訴訟の展開

魔女裁判の審理は、一般にどのように進むのだろうか。

上に説明したような、いくつかの方式によって見出され名指され、検事によって告訴(または一般人によって告発)された被疑者に対して裁判を開始するには、検事かその代理が管区の裁判官に対して予審開始の許可を求めねばならなかった。予審が認められると、検事は犯罪自体についての情報とともに、被疑者の生活、評判、行動を調べる。その際、告発者や噂の出処となった人々は、被疑者に自分たちの素性を知られることなく、自由にしゃべることができた。そして複数の名誉ある誠実な人間による被疑者に関する噂が事実と正確に対応している徴憑だと確信できると、被疑者は逮捕され、劣悪な環境の狭い土牢に入れられた。

魔女裁判では、被告は自分に有利な証人を指名できず、弁護人も付けられなかった。そうした中、裁判の冒頭、裁判官(=主席尋問官)による尋問が開始される(通常、他に参審人=陪席尋問官二人、書記一人が同席)。氏名・年齢、職業・宗派、家族状況などの人定尋問の後、必ず訊かれるのは、起訴理由を知っているか、という質問である。これに対しては「何も知りません」というのが通常の答えになる。すると裁判官は罪名と起訴事実、ならびにすでに「吐いた」別の被告による共犯者としての名指しなどを告げる。裁判官は無実を訴える被告に何としても自白させようとして、さらに多数の質問をする。

尋問は有罪を前提としているので、被告にとっては身に覚えのない問いばかりであるが、否定しても否定しても畳み掛けて質問される。自白すべき悪行を問い質《ただ》す尋問は、どの裁判官も使えるよう定型化した尋問カタログにまとめられていた。この特別尋問は、一般に一〇〇前後の項目があり、微に入り細を穿ったものだった——悪の道に入ったのは誰の誘いでそれはいつか、出会った悪魔の姿形はどんなものだったか、契約はどのように交わされたか、悪魔による洗礼儀式や悪魔との結婚式はいかに展開したか、結婚式の花輪は誰がプレゼントしどこに飾られたか、サバトの宴会料理はどんなメニューだったか、料理や食器類は誰が片付けたのか、宴会時の会話の内容は何だったか、ダンスはどんな種類のものでそのときの音楽はどうか、仮面はつけたか、猫が引く荷車で行ったのか、毛虫を発生させたり牧草地に毒を撒いたりしたか、悪魔に神と聖三位一体を軽蔑すると誓ったか、天候魔術のやり方を悪魔から教わったか、悪魔と情交したか、参加者はお互いに性交したのか、悪魔は何と名乗り、どんな装いだったのか、どの手段で家に帰ったのか、死んだ子どもを墓地から掘り出して、膏薬づくりに使ったか……。

もちろん、ほかにサバトに関する質問の中には、「共犯者」のあぶり出しのための質問が用意されている。宴会で、ダンスで、誰を見たのか……と。こうしてサバト参加者として一人の被告に目撃された人物が、次なる逮捕者となり、この連鎖の輪はどんどん広がるのである。

記録には残らないことが多いが、実際は裁判官は何度もおなじ質問を繰り返し、間をおき、さらに改めて一連の質問を再開する。すでに答えて認められた話と矛盾する答えは、却下され矯正されてまた問われる。お膳立てされたパターンを埋めていくだけで、そこから外れると説諭されて直される。いわば裁判官が手取り足取り指導してくれるジグソーパズルのピースを、被告は埋めていくだけなのだ。

いくら被告に尋問しても否定されて「自白」を得られないとき、裁判官はもう一度、予審で調べた証人たち(密告者たち)の証言を聞くことになる。ところで証人は重要な事実を証言するのに、ただ人づての伝聞や、たんなる疑念や、個人的意見のみでは駄目だとされた。ゆえに十分な数――「カロリナ刑法典」では少なくとも二名もしくは三名――の証人を揃えるのが有効だったが、地域や裁判官によっては一人の証人の証言でも十分な徴憑と認められた。そして証言が集積されて検討され、しかるべきものを証拠とするのである。

問い詰めても自白しないとき、場合によっては、被告と証人たちを対面(対質)させる。それが済むと検事は論告へと移る。自白がないからといってここで釈放されるのは、きわめて稀である。裁判官は何としても、無二の明確な証拠たるべき「自白」を得ようとする。そのために、まずはつねに共犯の疑われる家族をまとめて逮捕し、その連帯を切り裂く。そして脅しに簡単に屈しそうな弱者から話を聞き、次により手強そうな者に向かう。どうしても自白がないと拷問へと移るが、拷問してよいかどうか、地方の下級裁判所は最上級審（宮廷顧問会など）の意見を求めるのが原則だった。しかし魔女裁判ではほとんど追認された。

全身検査と拷問

すでに述べたように、魔女たる証はその肉体上に印されている、というのが当時の人々の確信であった。だから尋問とは別に、逮捕した魔女の身体を観察し、検査するのも証拠探しの一環だった。

微妙なのは「涙」である。悪魔学書は、しばしば裁判官はけっして涙にほだされてはならない、と勧告しているが、それはもし彼女らが涙するなら悪魔が促し動かしているからだし、逆に流さないなら、悪魔が――監禁や拷問の――苦痛を取り去っているからだとされた。そして魔女らが裁判官の前でしばしば目を地面に向けて伏せているときは、地下を住処とする悪魔とコンタクトを取って助言を得て志操堅固になっているのだ。だから、いずれにせよ涙など信用してはならないのである。

涙より確実なのは、魔女が身体に隠した証拠品の探索である。まず淫乱な彼女たちは、悪魔がくれた媚薬を身体のどこか、体毛の間や尻や陰部に肌身離さず持っている可能性があるので、全裸にさせ、毛剃までして、徹底的な調査が行われた。しかしそれ以上に重要なのは、悪魔が魔女の身体に、契約の印として残した「悪魔の印」(punctum diabolicum, stigmata diaboli)であり、魔女が悪魔と行った性行為の際に付けられたのだともいう。ここは突いても痛くない無痛点だった。

この無痛部分を探すために、体毛を剃り上げてから、担当外科医または刑吏が胸、腿、脚・足、といった具合に、針やメスを突き立ててゆく。深々とときに骨に届くほど刺すので被告は痛みに叫ぶが、痛くない所があるのである。それは小動物の足跡のようなものだとも言われるが、実際は大小さまざまな痣・疣・黒子やしこりだろう。またたとえ目に見えなくても、皮膚のどこかが無痛で血も出なければ、その箇所が「悪魔の印」だと判断された。それは最高に確実な証拠として、見つけた裁判官は欣喜雀躍した。そしてその印を見つけ、問い詰めても自白が得られない場合に拷問に移る、というのがよくあるケースだった。

魔女裁判で拷問がしばしば行われたのは、私たち現代人には不合理に思えるが、それは教会(教皇)によって、そしてローマ法とそれを受け継いだ諸法令によって正当化された。なぜなら魔女の犯罪は神への大逆罪であり、さらに証拠を残さず秘密裏に行われる「例外犯罪」だったからである。そこでこの「例外犯罪」には、ローマ法で国家の敵に対して認められている「特別訴訟手続き」(processus extraordinarius)が適用され、その犯罪は、いかなる手段を用いても白日の下に晒さねばならない範疇に属したのである。拷問はその肉体的苦痛が魔女を悪魔から解放し、そこではじめて魔女は完全な自由意志で自白できるようになる……という理屈だった。自白こそが完全証明となりうる証拠として真実を確信させ、これなしに魔女を死刑にはできなかったのだ。ただし「カロリナ刑法典」やフランス王の王令では、証拠の価値ある徴憑を加算して裁判官が被告の有罪についての内的確信＝心証を得られたときにはじめて、それを裏付けるための自白を得るべく拷問することが認められており、法や理性に反した訴訟手続きでの闇雲な拷問は禁止された。

それでは拷問は通常、いかに進んでいくのだろうか。これはどんな残忍な拷問でもやたらに科せられるというわけではなく、裁判手続きの決まりに則った、手順、要件、程度があった。まず最初は拷問の脅しをする。次に衣服を剝ぎ、拷問具を見せつける。さらに隣りで拷問を受けている者の（嘘の）苦

Des allerdurchleuchtigsten großmechtigstē vnüberwindtlichsten Keyser Karls des fünfften: vnnd des heyligen Römischen Reichs peinlich gerichts ordnung/auff den Reichßtägen zů Augspurgk vnd Regenspurgk/in jaren dreissig/vñ zwey vnd dreissig gehalten/auffgericht vnd beschlossen.

Cum gratia et priuilegio Imperiali.

図2-4　さまざまな刑具(「カロリナ刑法典」より)

痛の叫びや呻きを聞かせて自白を促す。ついで拷問具を被告の身体に当てる、そこまで至っても自白しない者に、はじめて拷問を科す。

全般ルールとしておおかた共有されていた原則は、——それが守られる保証はなかったが——拷問の結果死に至らせてはならない、ということだった。一度拷問に耐えた者には、新しい徴憑がない限り、拷問の繰り返しが禁じられたが、その場合でも、最初の自白を後で取り消した場合は三度まで許される、とされることもあった。そして二つの拷問の間は、少なくとも一日以上の間隔を空ける決まりだった。拷問は、通常三回までしか許されず、三度の拷問でも自白しない場合は釈放せねばならなかったので、あえて拷問を選ぶ被告もいた。しかし回数制限を無視して何十回も、自白するまで拷問を繰り返す裁判所も多かった。

場所・時代により拷問具は変化するし、許可されていないものを使う裁判所もあった。一概には言えないが、次のような種類の拷問が多く見られた。

食事を与えず、また眠らせない状態で長期間拘束するというのが、よくあり、きわめて効果的な拷問だった。真っ暗で悪臭漂い、害虫や鼠がはびこり、凍てついた穴蔵のような牢で拘束し、しかも食べさせず眠らせないようにすれば、効果抜群だった。悪魔学者のジャン・ボダンは、さらに効果的にするために「フィレンツェのゲヘナ」を推奨している。これは、被告を椅子に座らせ、眠りに落ちると紐に繋がった後ろの二つの箇所で首吊りのようになって苦しくて眠らせないようにするのである。食べ物関係では、無理矢理塩漬けの食べ物(鰊など)を食べさせ、飲み物は与えるとしても鰊の漬け汁などで、耐え難い渇きを惹起させる拷問があった。

以上の拷問は身体にその痕跡を残さずに苦しめられるので、その点が好まれたが、同様に命を奪う心配がほとんどないとして多くの裁判所で採用されたのが、四肢引き伸ばしや締め付けの拷問だった。

引き伸ばし拷問で普及していたのは、「ストラッパード」というベルト車を使用するものであった。天井の滑車にロープを通し、被告の両腕を後ろ手に縛りあげて繋ぎ、引き上げと下げ降ろしを激しく行って、身体を引き伸ばすが、場合によっては脚に六〇〜一二〇キロの重りを付けた。しばしば腕と脚の関節は脱臼した。引き伸ばしのために、「梯子」と呼ばれる特別拷問台(図3-2参照)が使われることもあり、さらにそこに生殖器を捩り潰す「トルティヨン」という道具がときに組み合わされた。

一方、締め付けでもっとも普及していたのは、スペイン風ブーツ、指締めネジ、頭締め具と首圧迫帯だった。「スペイン風ブーツ」(図2-5)は、左右二枚ずつの数十個の突起付き金属板で両脚をふくらはぎまで挟み、楔《くさび》を打ち込んだりネジで締めていって潰すものだった。同様な足責めのため、木片を脛にあてがって木の角と縄で締め上げることもあった。指締めネジは、小さな木の板を万力で締め上げて、指の先を締め付け潰していくもの。頭締め具は金属製で、被

図2-5　スペイン風ブーツ

告の顎の下に板（プレート）を据え、それが枠で鉄製のヘッドキャップと繫がっていた。拷問者がゆっくりとハンドルを捻《ひね》ると、ヘッドキャップとプレートの間の隙間が小さくなり、歯、下顎骨、顔面骨を含む頭蓋骨が押しつぶされ、最終的に死に至った。拷問者が死ぬ前に止めたとしても、顔の筋肉と骨格に永久的な損傷が生じただろう。首圧迫帯はスクリューで頸部を締め付け、徐々に圧力を上げていく回転ハンドルから成っている。窒息死寸前までゆく。

これらの引き伸ばし・締め付け拷問具の長所は、被告が自白に同意したらすぐに緩められるし、逆に苦痛を徐々に強めてもいける点にあった。

さらに酷薄な身体損傷を伴う拷問はどうだろうか。

尖った鉄を爪の下にいれて爪を剝がす爪剝ぎは、簡単だがもっとも効果的な拷問のひとつであり、ボダンも推奨している。ピラミッド形の木片（ボック＝木馬とも呼ばれる）や棘のあるサンザシの枝で覆われたテーブル、あるいは釘椅子の上に座らせたり寝かせたりし、さらに重りを付けて苦痛を強化する突き刺し拷問にも多くの種類があった。ほかに棘付き鞭打ち、鉄釘付き首輪装着、ゆっくり大量の水を飲ます水責め、身体に油・アルコール・硫黄などを塗って火を付けたり、下から火を焚いた灼鉄椅子に座らせたり、溶かした鉛を垂らしたりする火責めも多種多様だった。

火責めは本来非合法だが、それでもしばしば行われた。他に非合法でも行われたのは、四肢切断、男性生殖器潰し、耳削ぎ、目のくりぬき、鼻の穴への石灰および水詰めなどだった。

容易に予想できるように、このような苛烈な拷問に耐えきれず、発狂する者も多く、いつまでも拷問がつづくよりはと「自白」して死を選ぶ者がほとんどだった。落ちた者は、裁判官の求めのままに自白し、堰を切ったように「共犯者」の名前を上げていった。一、二名でも共犯者を名指せば拷問は終了するケースが多かったのだが、憑かれたように数十人、ときには一〇〇人以上もの名を上げる者もいた。また家族内でも、拷問の結果、夫婦や親子で名指し合うことも稀ではなかった。なお自白は、後刻——翌々日以後——もう一度、今度は拷問なしに繰り返さなければ正式な証拠として認められなかったことも付言しておこう。

拷問とはやや違う、一種の神明裁判にも触れておく。「水審」である。これは噂・悪評を立てられていよいよ逮捕されそうな被疑者が、むしろ自分から申し出ることが多く、確実な徴憑とされた。他の神明裁判とおなじく、公的には迷信とされ法律で禁じている領邦や国も多かったが、ドイツ北部と西部(ヴェストファーレンやフランケンなど)、フランスの一部、ネーデルラント、イングランド、スカンディナヴィア、東欧でしばしば慣習的に行われた。すなわち、身体を縛られた被告が水中——川とか大きな桶とか——に三回投げ入れられ、浮かんだ場合には、水という神聖なる要素が罪を嫌って弾いているので有罪、沈めば受け入れたということで無罪という判定だった。

量刑および処刑方法

魔女の嫌疑を掛けられた者が、皆、死を運命づけられたわけではなく、無罪放免もありえたし、禁錮、追放、鞭打ち、焼印、ガレー船漕役刑、罰金で済む場合もあった。自白がないと死刑にはできず、多くは追放刑にされた。アンリ・ボゲは、拷問に耐えたが裁判官が有罪を確信したときに、追放刑を勧めている。

ジュネーヴの一五三七〜六六年の五〇の魔女裁判案件では、二七人追放、一五人処刑、八人釈放という結果が知られている。追放刑が多かったのは、部分的にカルヴィニズムの影響で、理性的な議論を聞いて有罪か否か疑いが残るときには、裁判官らは「神の裁き」に委ねるために追放刑にしたのだと考えられている。

では魔女の嫌疑を掛けられた被告のうち、どの程度が処刑されたのだろうか。これは一番苛烈な魔女狩りが横行したドイツでも、地域によって異なるし、どこも正確な数字が出ているとは言えないのだが、全体で約二万二五〇〇人の告訴(訴追)があり、うち約半数が処刑されたと考えられている。

細かな例だが一六七六年のイトシュタインでは一年三カ月の間に五一人が訴追され三九人が処刑された。その他の者の運命は、四人の女が追放、三人の女は保釈金を払った上で釈放、二人が魔女狩りを熱烈に進めていた伯の死後釈放、三人は不明。ザクセン選帝侯領では一三～一八世紀に魔女裁判で訴追された九〇五人のうち、約三分の一が死刑に処された。

フィンランドは一五二〇～一六九九年の七一〇人の被告のうち一一五人処刑(一六%)と処刑の割合は低い。イングランドも低く、エセックスでは一五六〇～一六七五年の妖術で告発された二九一人のうち七四人(二五%)が死刑判決を受けた。

フランシュ＝コンテでは一五九九～一六六七年に二〇三件の高等法院の上訴審で四〇%が死刑、スコットランドは一五六三～一七二七年の三〇七件のうち二〇六人(六七%)、ルクセンブルクは一五〇九～一六八七年の五四七人の被告のうち三五八人(六九%)と割合が高いが、さらに高いのがロレーヌ地方北部のメッスとメッス地方での一三三五～一五二五年の魔女裁判とそれに類した魔術の案件である。ここでは一一九人の告訴された被告のうち、九六人(八〇%)が処刑された。さらに五人が獄中死、釈放されたのが八人、追放が七人、禁錮が三人ということである。スイス西部のヴォー地方も死刑率が高く、一五三七～一六三〇年の一〇二件の案件のうち九〇人(九〇%)が処刑された。

無罪放免になる主なケースとしては、有効な徴憑がなく証拠不十分で自白も得られない場合、拷問に――三回――耐えて潔白を「証明」した場合、上級審での釈放命令があった場合などで、それらが重なる場合ももちろんある。ロレーヌ公領の魔女裁判で拷問に耐えて無罪放免になったのは全体の一割程度。スペインやイタリアのように、そもそも魔女として告発されても大半が有罪にならない所もあったし、魔女現象末期には、上級審がコントロールを強めて死刑を取り消し釈放したケースも多く、処刑者の割合がぐっと下がった地域も少なくない。

しかしこうしたパーセンテージを見て、ヨーロッパ近世の魔女狩りも、以前から言われていたほどひどいものではなかった、というのは早計だろう。投獄も劣悪な環境では死刑に等しいし、他の刑罰だとしても「社会的な死」で、致命的なダメージを本人とその家族に及ぼすことは目に見えているのだから。追放刑に満足できない村人たちは、しばしば村の外れで石を投げて「魔女」を殺している。釈放されても投石やリンチ、侮辱が自分や家族に及ぶのだ。

最後に、もっとも過酷な罰、死刑について観察してみよう。

魔女の処刑は、通常、火刑であった。大半の魔女は生きたまま火炙りにされるのではなく、炎が身体を覆い尽くす前に絞殺された。絞首台に結びつけられた魔女の首を絞めてから焼く場合と、硫黄を塗ったシャツを着せて窒息死させるケースがあった。貴族は「名誉」を重んじ、剣で刺殺されてから燃やされた。それ以外の者たちも、絞殺の替わりに熊手や杭や大釘で胸や喉を突いて殺されてから燃やされることもあった。

おなじ火刑も地方によっては――たとえばシュレージエンなど――、薪の上で焼かれるのではなく、パン焼き窯に類似した「魔女の窯」の中に入れられて焼かれた。

図 2-6　デレンブルクの魔女の火刑
(1555 年の一枚刷り)

魔女を火刑に処して、その遺骸を燃やし尽くして灰にし、風に飛ばしてしまうのは、炎の浄化作用と痕跡の物理的消滅により、悪の力をその記憶ごと消し去って、大罪の痕を何ひとつ残さないようにしたかったから、かくて住民の心を安堵させようとしたからだろう。反対に、完全に燃やさずに形を残し、市外の野原に晒して見せしめにする所(アラスなど)もあった。

魔女の処刑法として、大陸

がひとしなみに火刑を選んだのに対し、イングランドは火刑ではなく通常絞首刑であった。その他の珍しい方法として、生き埋めや水没刑もあり、子どもの場合は、水中での足の刺絡による失血死刑が見られた。

多くの場合、魔女の処刑は劇場化・儀礼化されていた。牢から出されて罵声を浴びせられながら荷車で処刑場に向かう魔女は、途中、晒し場で晒し者になる。そこでは検事が起訴内容と自白を読み上げ、それに対して魔女が逐一「はいそうです」と答える。その後裁判所書記が最終判決文＝死刑判決を朗読する。鐘の音と子どもたちの歌う賛美歌に伴われて行列が進むが、先導するのは軍の隊長に率いられた屈強な男たち、脇に聖職者が、後ろには市民たちが伴い、市内の広場か市壁外の丘・野原・川べり・森などにある処刑場まで進んでいくのである。すでに準備の整えられた刑場には、町や村のお歴々が盛装して席に着いている。沿道には、露店や屋台が並び、この見世物を楽しみにやって来た郊外の農民や職人たち、その子どもたちを惹きつけた。処刑場でも再び判決朗読、ついで聴罪司祭の説教と死刑囚の悔悛の言葉がつづき、その後、薪に火が付けられる。

第3章

ヴォージュ山地のある村で

斧を使った牛乳盗みの呪術
（ヨハン・ガイラー・フォン・カイザースベルク『蟻』1517年より）

本章では、生活改善の目処が立たず、隣人との人間関係も悪化する中、古くから伝えられてきた呪術にすがって苦しい境涯から抜け出そうという人々の行為が、司法エリートによって悪魔的な妖術と見なされて裁判に掛けられ、彼／彼女が悪魔の手先＝魔女とされてしまうプロセスをたどってみよう。

例として取り上げるのは、ヴォージュ山地の一部を構成する南ロレーヌのブルオモン（Brouaumont）村で起きた一六〇二年夏の終わりの魔女騒動である。とりたてて珍しい魔女裁判というわけではない。だが残された関係者の取り調べと証言を載せた一件書類からは、山里の農民一家がほとんど一人残らず魔女に仕立て上げられていく様子が、手に取るように分かり、魔女狩りについての理解が深まるに違いない。

当該の一件書類は、現在ナンシーのムルト＝エ＝モゼル県立古文書館に整理番号B3755として保存されている。それをストラスブール大学の客員研究員ジャン＝クロード・ディドレルが現代フランス語に翻訳・解説している。ディドレルの解説をも参考にしつつ、以下、この「史料」を私たちなりに整理して、山間の魔女事件の帰趨を蘇らせてみよう。

魔女の「巣窟」としての山間奥地

フランスはイタリアやスペインと異なって、平野が国土の大半を占め、小麦畑と葡萄畑が広大に広がる農業国として知られている。山地といえば、中部に中央山塊（マッシフ・サントラル）という大きな山塊があり、スペインとの国境にはピレネー山脈が連なっている。またもちろんイタリア・スイスにまたがるアルプスの西端はフランスに属する。しかしもうひとつ、やや小ぶりだとはいえフランス北東部、ドイツと接するロレーヌ地方南部に一〇〇〇メートル前後の山々が連なる山岳地帯があることを忘れてはならない。それがヴォージュ山地である。中世の年代記作者からして、ここでは重く大きな荒々しい岩が並び立ち、その天然の要害の上から城塞が恐ろしげに睥睨《へいげい》していること、岩の間の深い谷間はモミの森で深く覆われて見る人は恐怖心に囚われること、などを記している。近世には、この山地は魔女の巣窟とも恐れられた幽闇の地であった。

実際、ヴォージュ山地とその渓谷地帯の一部、ムルト川・モルターニュ川・モーゼル川の上流域、すなわちこの地域の主要都市であるトゥール（Toul）やナンシーの南東数十キロ、サン＝ディエとエピナルという町に挟まれた地区で、一五八〇年から一六三〇年にかけて、魔女裁判が顕著にふえたのである。

本章の主人公ピヴェール家が農業を営むブルオモン村も、この地域にあった。そこは土地が

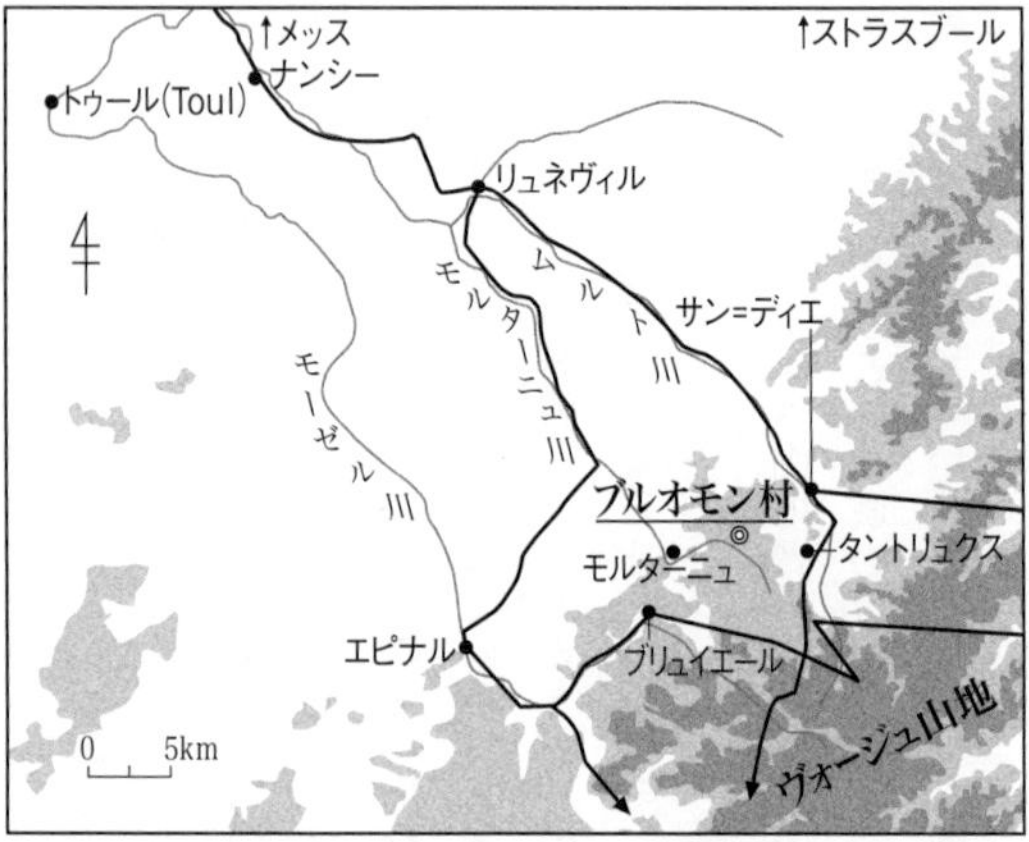

図 3-1　ブルオモン村周辺図

痩せていた上に、しばしば気候の悪化のために住民らは不作に苦しんだ。北東数キロの所にある町サン＝ディエには修道院があり初期中世から未開地の開拓に携わっていたし、他方ロレーヌ公は一六世紀になっても、より有利な条件を示して農民を引き付けようとはしていたが、過疎は免れなかった。

ピヴェール家を狙った魔女狩りが発生した一七世紀初頭のブルオモン村とその周辺地帯では、領主権が複雑に入り組んでいた。山岳・森林地帯に属するブルオモンの村人はロレーヌ公に誓約して服する自由農民であった。彼らは領主に地代を払う必要はあったが土地を保有し、家屋敷とその財産については所有権を有していた。一方隣接する渓谷地帯の共同体・その住民らは、修道院領主に帰属する農奴身分でさまざまな夫役に服し、またしばしば重税を課され、年賦金と引き換えに貢租地(censives)を耕した。さらに彼らの土地への権利は一代限りで、死亡とともにその土地財産は領主に復した。両地帯の住民は入り混じり、家畜小屋やチーズ作りの場などで出会うことも多かったので、不公平感が生まれ社会関係は悪化した。ましな生活をしているブルオモン村の住民に、渓谷地帯住民は妬みと恨みを抱き、裁判の際には不利な証言をすることになった。

しかしブルオモン村も農家一軒あたりの耕地は狭く、気候の悪化や景況の変化により生活が困窮して日雇い労働に出ざるをえないこともあった。また狭い土地の生産性を高めようと人を雇えば、労賃をめぐる諍いが起きた。この村でも豊かになっていく家と落ちぶれていく家があり、両者は反目を強めた。そして徐々に恨み・憎しみが発酵して、魔女妄想が生まれる恰好の条件が整ったのである。

農民たちに流布する対抗呪術と招福呪術

交易路から離れた孤立した山岳地帯では、住民の精神も内向し、昔からの伝承・慣習にしがみつきがちだ。だからブルオモン村に異教的呪術が色濃く残存していたのは当然である。

それは、まず何よりも悪の力の攻撃を防ぐ対抗呪術である。ブルオモン村の農民らは、飢饉が起きたり、家畜が病気になったり死んだりしたとき、あるいは説明のできない運命の浮き沈みがあったときには、何らかの霊の祟りを想定し、この危険な霊の策謀に対抗するには、自分たちも呪術を使うしかないと考えたようだ。

ヨーロッパじゅうに広く見られ、ブルオモンの村人にも共有されていたのは、あらゆる所に潜む悪の力に対抗する呪術と祈願で、たとえば土鍋に入れた牛乳を火に掛けそこに木片で十字を描いたり、火中から灼熱の炭を三つ取り出して鉢の周りに並べ円を描くように回ったりしながら、悪辣なことをする者の根絶や、疫病その他の病気の治癒を祈願するのである。もともとこれは魔女の妖術への対抗呪術ではなく、未救済の死者の魂が人間や動物の身体に取り憑いて、自分を害した者に復讐するのを防ぐための呪術だった。

すなわち、ひどい死に方をしてまだ自分の罪の贖《あがな》いができずにいる魂は、地上を彷徨《さまよ》い、恨みに思う人に悪いことを仕掛けたり、熊などの動物の姿になって襲ってきたりすると信じられていたのである。だが村人たちは、審問では教会や当局の言う「悪魔」と、自分たちが実在を信じていた周りの霊、大地の底から上ってくる「死霊」とを混同してしまう。森の中でこうした霊(デーモン)と会ったなどと言ってしまうと、もう審問では魔女の嫌疑が掛けられるし、夜、隣人が自分のベッドや子どもの揺籠の上を火の玉になって通ったり部屋の隅に行ったり来たりするのを見たなどと答えると、隣人が魔女だと証言したことになってしまうのだ。しかしやがて魔女裁判が繰り返し行われ、サバトのイメージが村人らの間に普及すると、彼らも魔女の妖術・害悪魔術の観念を持つようになる。

対抗呪術以外に、招福呪術というべきものもあった。たとえば兵士の間に広まっていたのは、聖ヨハネの日(六月二四日)の夜、森の中で剣を使って地面に円を描いてその中に寝、頭の上に水の入った青銅製の金盥《かなだらい》をおいて大地の霊に祈願する呪術である。これにより、地の底から来る悪いデーモンの被害を防いだり、金持ちの娘と結婚できたり、競技に勝利したりするのだという。デーモンは大半悪いが、善いデーモンもおり、聖なる呪術によりその善霊を選び出せるのである。

本件でしつこく問題にされる嫌疑に、牛乳盗みがある。これは隣人の雌牛の乳を涸れさせて、替わりに自分の雌牛が豊富に乳を出すようにする呪術で、農村で魔女の妖術の典型とされた。厳しいギリギリの生活をしている貧しい農民にとっては、一頭か二頭しかいない乳牛が乳を出さないのは死活問題だったからである。

ブルオモン村のピヴェール家とドマンジュ家

ブルオモン村のピヴェール家をほぼ全滅させた魔女裁判の開廷は一六〇二年のことだが、遡れば、その起源は親戚筋に当たるピヴェール家とドマンジュ家の不和、とくに四年前の、老ロラ・ピヴェールとニコラ・ドマンジュの喧嘩沙汰以来の恨みつらみにある。

すなわち一五九八年八月末、ロラ・ピヴェールの下女のコレットが雌牛と肉牛を放牧しているときに、牛たちがニコラ・ドマンジュの刈り取りのほぼ終わった燕麦畑に入り込んだのである。妻子の助けを得て麦穂を束ねていたニコラは「牛たちを外に出せ」とコレットに命じたが、近くで枯れ葉の山を畑の肥料にするために燃やしていたロラは、彼女にそのままつづけて放牧してよいと叫んだ。ニコラが再び禁じたにもかかわらず、ロラはニコラを嘘つきとなじり、また長年の噂にもなっていたこれまでの彼の盗みや悪行を数え立て非難し始めたのである。

そこで二人は大喧嘩となった。数人の目撃証人によると、喚きながら走ってきたニコラが木杭でロラを殴って顔面や左手に大怪我を負わせ、ロラは隣人たちに助けを求め叫んだ……という展開だったようだ。だがニコラの弁明では、彼がロラを木杭で叩いたり押さえつけたりしたのは、ロラが先に斧を振り回したから、とのことである。

二人の、あるいは両家族の対立にはいくつかの背景がある。ひとつは、両者の農業経営方針の違いである。古い伝統では、土地は、その所有や保有の権利はどうあれ、本来的には共有だと考えられてきた。そしていったん収穫の終わった畑では、村人誰にとっても放牧は自由であった。そしてこれは、集団的な輪作から由来する慣行でもあった。だがブルオモン村に新たにやって来た新世代の農民(ドマンジュ家)にとっては、土地はそれぞれ個人・家族の権利に帰するものであり、だから自分の土地は自分の好きなようにできると信じていたのである。さらにいくら年配の長老だからといっても、無条件に従う必要もないと侮ったのだろう。一方伝統を重視したロラは、昔の慣行・特権がなくなり共同体の連帯が危機に陥るのが我慢できなかったのだ。

二つ目は、両者の経済状況の差である。ロラは老いて(裁判時に七五歳)、借金もあった。彼は三〇歳の頃この地に定着し、パン屋をやめて有利な条件で農民になり、四〇歳で結婚、しばらくは良い生活を享受できたのだが、ロレーヌ公による税金(恒常化した売上税〈エード〉や冬季に軍隊を養うための戦争宿営税など)が重くのし掛かり、生活は厳しくなった。それで老いたロラおよび二人の息子ドマンジュとジャンは狭小な畑を耕すだけでなく、日雇い人夫としてあちこち出掛けて働いていた(もう一人の息子である長男のジョルジュは、屋根や壁を雨から守るための覆いにするモミ材の小板作りの内職をしていた)。

一方、ニコラ・ドマンジュは景況に適応して、より裕福であったようだ。だからロラを殴って怪我をさせた罪で科された罰金が、相当額に上ったのである。

三つ目は、両家の近すぎる関係である。ブルオモン村のピヴェール家は世代を重ねて拡大したが、親族皆がすぐ近くに住んでいた。遺産は分配されても実際は共有だった。老ロラの長男ジョルジュ・ピヴェールの妻のマルゴはニコラ・ドマンジュの妹であった。そして彼女と夫ジョルジュの家族は、ニコラ・ドマンジュの家族およびジョルジュの弟ジャン(独身)と、一つ屋根の下、おなじ家で暮らしていたのである。ロラの妻で魔女として告発されるジャンノンが自分の子どもたちをスパイしていたとするなら、それは老ロラ夫婦の家が――自分の息子たちの家族も同居する――ドマンジュの家とごく近かったからだろう。こうした事態は家族間に緊張をもたらしたに違いない。なおジョルジュのもう一人の弟、ドマンジュ・ピヴェールと妻マリオンの娘マンジェットが、この裁判で大きな役割を果たすことになる。

だから審問途中で被告の一人が、これはすべてニコラ・ドマンジュが裏で手を回してでっちあげた魔女事件だと示唆しているのは、案外正しいのかもしれない。まずニコラは、四年前の老ロラへの恨みを晴らす機会を狙っていたのではないか。その後もロラとはもちろん、ロラの息子で同居しているジョルジュやジャンとも仲が悪く、夜、彼らが寝床に入っている所にやって来て、彼らを泥棒とか妖術師扱いし、それに対して彼は嘘つき・悪人と呼ばれた。

もうひとつは、あまりに複雑に絡み合い物理的にも接して生活している親族のピヴェール家の面々が邪魔になり、ニコラが魔女裁判を介して彼らを暴力的に排除しようとしたとも推し量れる。ニコラにとって幸いにも、老ロラ夫妻はずいぶん前から魔女・妖術師と噂されていたし、ニコラ自身も豚や牛の多くを失い、それを彼らの妖術に帰したのだ。

こうした推測を裏付けるかのように、この魔女裁判は、ニコラの二人の娘マリオン(ドマンジュ・ピヴェールの妻と同名だがもちろん別人)とフルラットが老ロラ夫妻の孫、すなわちドマンジユ・ピヴェール夫妻の娘のマンジェットから——一緒に家畜の世話をしているときに——聞いたサバトの話を、ニコラが娘たちから伝え聞いたことをきっかけとしていた。それを彼がヴォージュ地方の検事総長代理に密告し、ブリュイエールの裁判所で秘密の予審(ロラ夫妻と、その息子のドマンジュとジョルジュ、およびそれぞれの妻のマリオンとマルゴに関する、生活、評判、態度をめぐるもの)が始まって、その方向性が決まってしまったのである。

ピヴェール家に掛けられた嫌疑

しかし、孫娘マンジェットにサバトの話と彼女の祖母ジャンノンの主犯としての悪行を吹き込んだのは、老ロラ・ピヴェール家の下女コレット(一八~一九歳くらい)だったようだ。在地裁判官は、このコレットを尋問して事件の概要を摑み、後はマンジェットの詳しい自発的な証言を得、また次々捕縛したピヴェール家の容疑者を拷問で自白させて、事件の全容を把握して——というより虚構を膨らませ完成させて——いった。コレットは以下のように証言した。

ロラ・ピヴェール家に下女として働いていた彼女は、貧しい孤児だったが、ロラの妻、マンジェットの祖母に当たるジャンノンに、ある日、煙突を通ってシュル・ラ・ロッシュで催されたサバトに連れて行かれた。そこには黒い悪魔がおり、多くの火が焚かれて少なからぬ人々が踊っていた。この光景に驚いて彼女が十字を切ると、すべては消えた。その日は家に歩いて戻った。

彼女はその二週間後、再びジャンノンにサバトに連れて行かれた。今度は十字を切らなかったので、黒い悪魔が近づいてきて、幸せな生活および金銭と引き換えに、神を否認して自分を主人とするよう勧めた。彼女はそれに同意した。固めの儀式の時、悪魔は自分はペルサンという名だと言いながら、彼女の額をつねった。そして情交したが悪魔の性器は氷のように冷たくて快楽はなかった。くれたお金はオークの葉に変じてしまった。

悪魔は黒い毒薬など三種類の粉末を渡したが、彼女が毒薬を使って人や家畜を殺さなかったので、何度も殴られた。サバトの宴会で出た料理は、雛鳥と肉の煮込みで美味しかった。料理をしていたのは当の老婆ジャンノンであった。料理のどの品も塩の味はせずパンもなかったし、テーブルにクロスは敷かれていなかった。

サバトにはさらに何度か行った。そこでダンスもしたが、伴奏の横笛はジャンノンの孫の一人ジョルジエルが吹いた。悪魔は彼女との情交を、マンジェットの前でしたがった。しかしマンジェットはおしゃべりなので、彼女としてはいやだった。サバトはいつも木曜夜にあり、雹を降らせるために小さな棒で水を叩いた。

以上のようなサバトでの出来事の描写とともに、コレットはサバトにいた人々はタントリュクス管区とモルターニュ管区に属する人だと証言し、前者の管区の住民については数人の名前を挙げ、後者の管区については老ロラ・ピヴェール夫妻、その息子のジョルジュ・ピヴェール夫妻、おなじくドマンジュ・ピヴェール夫妻、おなじくジャン・ピヴェール、さらにジャン・ジョルジュ（ドマンジュの妻マリオンの弟、つまりマンジェットの母方の叔父で、小作農）とその妻バガット、老ロラ夫妻の孫としては、ドマンジュの娘マンジェットとジョルジュの息子ジョルジエルが確実にいたと断言した。

この自発的自白の調書は一六〇二年七月二四日付である。コレットは魔女として処刑されるが、彼女は死ぬまでピヴェール家の面々を告発しつづけ、それが有罪の有力な徴憑となって一家全滅ともいうべき結果をもたらしたのである。そこには、ロラ家の老夫妻にひどい扱いをされていたコレットの意趣返しがあるのかもしれない。

少女マンジェットの告発と崩壊する家族

コレットと一緒に家畜の世話をしながら、サバトとその出席者の話を聞いたマンジェット（九〜一〇歳くらい）は、その話をさらに膨らませて、裁判官の質問に応じて次から次へと自分の家族・親族を饒舌に告発していく。マンジェットがなぜ自身の両親まで破滅させて恬淡としていたのかは不思議だが、彼女と親世代との間には、相互無理解と潜在的な憎悪があったのだろう。伯母マルゴ（父親の兄の妻）と叔母バガット（母親の義妹）は、マンジェットを脅し罵ったし、叔父のジャンも彼女への虐待計画に加わっていた。また母マリオンと伯母マルゴとは仲が悪く、しばしば喧嘩していた。

まずマンジェットは祖父母・両親・伯父／叔父とその妻たちとサバトに行って多くの奇妙な迷信行為をしたと話す。後になって、さらにニコラ・ル・クレール・ド・シュヴリ(ピヴェール家の元女中の代父)およびジャン・ジョルジュとその妻バガットと息子も見たと証言した。サバトの開催場所である「ラ・ロッシュ」は歩いて行ける近場で、最初は祖母ジャンノンが連れて行ってくれたという。その次の回からは、黒い服を着た悪魔が夜、彼女らを迎えに来て、黒い馬に引かせた荷車に乗せてくれた。そこで宴会があり、パンや黍粉《きびこ》のガレット(葬儀の食のメニュー)や多くの肉を食べた。塩はなかった。食後には皆でダンスを踊り、それは彼女の伯父ジョルジュの息子ジョルジジェルの横笛伴奏で行われた。ダンスが終わるとおなじ荷車で帰宅した。

マンジェットはまた、自分と父親が隣人たちの雌牛が通る道に糸を円形に張ってその牛たちの乳を出なくさせ、それから糸を回収して火で温め、自分の雌牛の背中をそれで擦って、普通よりずっと多くの乳を出るようにする……との妖術をしたと証言した。

ほかに「黒い人」が盥に入れた水に小さな鉄の棒で十字を切り、ついで叩いて雨や霰を降らせて作物を駄目にしたとか、祖母と喧嘩した人の牛や豚がいなくなったなどとも話した。小さなマンジェットは特別なことを言ったのではない。どこでも話されているようなこと、おそらく家畜の盗難ないし失踪や、カトリック教会の聖水散布や祝福の儀式などについて語っただけなのかもしれない。だが裁判官はそこに魔女の所為を嗅ぎ取り、予審(証拠調べ)を開始してしまったのだ。

そしてここから、ピヴェール家の崩壊が始まるのである。

予審後正式の裁判が始まり、ピヴェール家の人々が交替で審問される。最初に呼び出された首魁《しゅかい》というべき祖母ジャンノン(七二歳くらい)は、サバトなどに行ったことはない、孫娘を連れて行ったことなどもない、と否定していたが、厳しい取り調べに遭い、またとくにマンジェットとの対質で孫があくまで真実だとの主張を曲げないのに挫けて、自分は魔女であり、何度かサバトに行ったことがあると自白した。いったん自白した後はずっとそれを撤回せず、他の家族――息子夫婦など――の有罪の証人として雄弁に証言する。一六〇二年年八月七日、ジャンノンは生きたまま火刑に処された。

マンジェットの祖父ロラは、妻のジャンノンが夫もサバトに行った妖術師だと証言した、と裁判官から聞かされても、自分は絶対に違うと否定した。おなじく祖父の共犯を告発する孫娘マンジェットと対質させられ、その話を聞いて怒り心頭に発し、彼女を殴るそぶりをした。彼女を悪ガキ扱いし、「一体どこでお前は儂を見たというんじゃ。お前の言葉は全部嘘っぱちで、それを知っとるんじゃろ!」と叫ぶ。だがこの怒りにもかかわらずマンジェットは祖父には何

図3-2　梯子の拷問(チェコのロケト城の展示)

も応えず、自分の言葉にこだわることで満足した。ロラはずっと否定していたが、最後には梯子の身体引き伸ばしの拷問に屈して、サバトに行ったことを自白する。一六〇二年年九月二八日、ロラも生きたまま火刑に処された。

マンジェットの伯父ジョルジュ・ピヴェール(ロラの長男、四〇歳くらい)は、自分はけっしてサバトに行ったことはないと答え、妻マルゴと息子のジョルジェルが行ったかどうかは分からないとする。ジョルジュは自分の母ジャンノンと対質させられ、母は二度つづけて息子をサバトで見たと答えた。息子は泣き、母に自分を死なせたいのかと詰め寄るが、母は自分は真実を述べていると証言を変えない。別の日、姪のマンジェットも同様に伯父のジョルジュをサバトで見たと言っていると聞かされ対質するが、反駁しても姪も告発の証言を変えない。一〇日後再び母と対質させられたものの、母の告発は変わらなかった。身近な人が告発しているのだからお前はサバトに行ったはずだと、裁判官に自白を迫られ、身体引き伸ばしの拷問を受けるが、「聖ニコラ様、我が神、創造主よ、どうか助けて下さい！　どうしてこんな目に遭うのか、皆目分かりません」とあくまで否定した。コレットも証言しているということで対質させられて、二カ所のサバトで会ったと告発されても、否定した。だがその後、拷問具を見せられると怯えて自白し、五年ほど前に森の中で大きな黒い男に会い、臣従するなら金持ちにしてやろうと持ちかけられて同意し、すぐに神を否定すると、黒い男は額をつまんで去っていった……と話した。一六〇二年九月二八日、ジョルジュも生きたまま火刑に処された。

ジョルジュの妻マルゴ(三五歳くらい)は、自分はけっしてサバトに行ってないし、だから義父母や義兄弟・姉妹がサバトに行ったかどうかなど知らないと否定した。義母ジャンノンと対質させられ、義母がマルゴをサバトで目撃し、バガットと一緒にダンスしているのも見たというと、彼女はこれはすべて義母の自分に対する憎悪と悪意からの発言だと反発した。しかしジャンノンは、マルゴも自分同様魔女だと言い張りつづけた。三日後、マンジェットとも対質し、二回サバトで彼女を見たと言われるが、否定した。さらに後日、再びジャンノンと対質して、おなじ告発を繰り返されるが否定し、ついで拷問に掛けられても否定しつづけた。だが二カ月後の再審問でまたもや身体引き伸ばし拷問に掛けられそうになると自白した。すなわち悪魔が家に現れると、彼女は悪魔に身を捧げた。悪魔は神を否定するよう要求しつつ額をつまんだ。金をもらったが、悪魔が去るとそれはオークの葉になっていた。またサバトには二回行ったことがあるとも語った。一六〇二年年九月二八日、マルゴも生きたまま火刑に処された。

ジョルジュとマルゴの息子ジョルジェル(一一歳くらい)も、いとこのマンジェットがサバトで彼が横笛を吹くのを二回見たと言っていると告げられ否定する。厳しく問い詰められても、泣き叫びながら、自分は絶対サバトには行ってないと言い張る。一〇日後の審問で、祖母も同様に告発していると告げられても否定するので、鞭打ちの拷問をすると、一回だけサバトに行ったことがあると自白した。さらに鞭打ちで脅すとサバトでの悪魔の様子、宴会、他の出席者についても語った。後日の尋問でコレットが彼をサバトで見たと告発していると教えられ、加えて鞭打たれるとより詳しい自白をした。すなわちサバトへは黒い大男の悪魔の首に乗せられて連れて行かれた。そこでは皆が自分の横笛伴奏で踊った。料理を作っていたのは祖母だった。自分は二回しかサバトに行ってないが、父母もそこにいた。一六〇二年年九月二八日、ジョルジェルは祖父と両親が火刑柱で燃やされているその周りを、刑吏に鞭打たれながら三回グルグル回るという刑を受けた。

ジョルジュの弟ドマンジュ・ピヴェール(三〇歳くらい)は、娘のマンジェットに、糸を張って乳牛の乳を奪い取る妖術をしたと告発されたが、それを否定。後日娘と対質させられたとき、娘は父をサバトで見た、糸を張ったのも本当だと告発を繰り返した。一〇日後、拷問の脅しで真実を自白するよう裁判官は迫るが、自分は妖術師ではなくサバトに行ったこともない立派な人間だと言い張る。しかし身体引き伸ばし拷問に掛けられると、母とともにモルターニュにアメリカボウフウ(セリ科の植物)という植物の種を探しに行った時の帰り道、黒い大男が現れた、そして母の勧めでその男に服従し神を否定した、サバトにも行った……などと自白した。後にいったん自白を取り消すが、また問い詰められて自白内容を繰り返した。サバトで目撃した中には妻はいなかったと付け加えた。最終判決はヴォージュ地方の検事総長に委ねられ、一六〇二年一〇月四日以降、ドマンジュは絞殺後、火刑に処された。

ドマンジュの妻マリオン(四〇歳くらい)は、娘のマンジェットが母らとともにサバトに行ったとする告発を強く誓って否定した。それから泣き出して、義母のジャンノンとしばしば口論したのは確かだと話し、義母が魔女との噂があることはずっと前から聞いているとも述べた。後日の尋問でも、自分は魔女じゃないし、娘の言葉には仰天している、誰か軽蔑すべき者に無理矢理言わされているのだろうと答えた。厳しい身体引き伸ばし拷問に掛けられても否定しつづけ、自分はサバトに行ってない、自分は廉潔な女だ、と繰り返した。マリオンは釈放された。

ジョルジュのもう一人の弟ジャン(三〇歳くらい)は、マンジェットがやはり彼をもサバトで見たという話を聞かされても、自分は行っていないと答えた。マンジェットと対質させられ、彼女はおなじ告発を繰り返すが、ジャンは否定。後日さらに真実を話すよう促され、さもないと拷問すると拷問具を見せて脅されても、自分は真実を言っておりずっと立派な廉直の男だと言い張った。コレットも彼とサバトで会ったと言っていると聞いても否定。そして後の審問で、梯子の身体引き伸ばし拷問を三、四回受けたがずっと否定しつづけ、何を言われているか分からないとした。両親や兄弟・義姉妹が彼を告発してもなお否定した。ジャンも釈放された。マンジェット自身はトゥール司教の所に送られて矯正のために再教育されることになった。その後彼女は結婚したが、夫とともに故郷の村の街道沿いに、自分の告発で犠牲になった家族のために壮麗な墓標を建てた。

本裁判は一六〇二年七月一日から集団処刑の行われた九月二八日まで九〇日間つづいた。

祖母に責任を！

ここまで見てきたように、孫娘のマンジェットによって告発された祖母ジャンノンは、いったん魔女たることを認めると、進んで家族全員を道連れにしようと、皆をサバトで目撃したと繰り返し証言した。それに対して被告たちは、祖母がもともと悪い評判の女性だったことを強調して、彼女にのみ責任を負わせようとした。少なくともそのような推測が可能である。

ジャンノンは「魔女」となるにふさわしい、典型的特徴を備えていた。七二歳前後という、当時としては大変な高齢で、顔の醜さが内面の邪悪さを映し出していると見なされた。とりわけ髪がボウボウに乱れているのは、魔女の特性にほかならなかった。魔女はサバトでのダンスなどで激しく騒々しい動きをし、またアクロバチックな情交を悪魔と重ねるので髪が乱れるのだ。彼女は、他の被告たちによってサバトで悪魔と一緒にいたと告発されている。

次に、彼女の素行の悪さ、性格の悪さは以前から取り沙汰されていた。彼女は一種の覗き魔で、すぐ近くに住む嫁たちの行状をたえずチェックして、孫たちの教育などをめぐって文句を垂れていた。ゆえに彼女は嫁たちと対立し、ひどく嫌われていた。また彼女がサバトで料理を作っていたと被告の何人もが証言しているのは、逆に見れば、ジャンノンは普段の家庭の料理を担当させるのが危険な、不誠実な人間たることを示唆している。彼女が普段辛く当たっている下女のコレットをサバトに連れて行ったのは、そこで悪魔の性欲のはけ口として彼女を供犠のように差し出すためで、ジャンノンが悪魔の奉仕者たることを物語っている。またジャンノンが森の中でカコデモンという熊や狼姿の悪しき霊の化身と出会ったという自らが語るエピソードも、この怪物と魔女との密接な関係が知られている環境では、彼女自身が魔女とされるきっかけとなったことだろう。

このように、祖母ジャンノンは、ずっと以前から不道徳で邪《よこしま》な女として魔女に近い扱いを受け、家族・隣人たちに白い目で見られていた。ところが彼女だけに責任を負わせる家族の作戦は成功しなかった。というのも、司法にとってはジャンノンだけを血祭りに上げて一件落着とするのではなく、ジャンノンを利用して家族、そして村全体の緊張を高め分断を広げて、できるだけ多くの魔女をあぶり出し処断することで、神と君主の権力伸長への障害をなくそうという目標を掲げていたからである。

人間の弱みにつけ込む司法機構

以上検討してきた一六〇二年、南ロレーヌ地方のブルオモン村で行われた魔女裁判は、特別残忍なものと言えるかどうかは分からないが、裁判自体が、いかに人心を弄ぶ抑圧装置となっていたかがはっきり見えるケースだろう。それがロレーヌ公の権力と権威を高め、彼を頂点とする政治・司法秩序を堅固なものにするのに役立つと考えられたのかもしれない。しかしその人間性を破壊する凄惨さと無神経さは相当なもので、ヨーロッパ近世における魔女裁判の深層を覗き見られる気がする。

本章の最後に、司法機構が抱えていた本質的問題を、本裁判研究者のディドレルの解釈も参考にしつつ考えてみたい。

当案件でその裁判に直接責任があったのは、ブルオモン村南西数キロのブリュイエールのプレヴォ（裁判官）すなわちロレーヌ公の代官であるが、そこでの裁判の調書は、ミルモンにあるヴォージュ地方のバイイ管区の検事総長、さらにはナンシーにあるシャンジュ最高裁判所（参審人裁判所）の参審人を含めた三者の間を行ったり来たりして、情報共有と確認をし合った。下級審の司法官らは、法律や裁判手続きに詳しくなく、上級審の学識者からの助言が必要だったのだ。またこのような監視・点検をすることで、ロレーヌ公の権力はこのシステムをしっかり掌握しようとしたのだろう。

根強い噂・悪評から裁判が始まるのは、前章で触れたように、ごく普通のことだった。だがこうした魔女とその妖術の噂の広まり自体が、社会の分断・機能障害を表している上に、森に囲まれ孤立した山岳地帯のように不十分な農地しかなく、加えて自然環境の悪化と経済条件の変化に見舞われて生活が苦しくなった場所では、隣人への疑心暗鬼はいよいよ深く浸透していった。そこに司法権力が介入することで、社会の機能障害はますます激化し、裁判が進むにつれて、その抑圧システムが恐怖と不安に震える人々の精神に異変を起こさせ、共同体の団結統合はガタガタと崩れていったのである。

予審では、集団的な強迫観念を拾い出しそこに耳を傾けるので、その強迫観念の標的になる被告が自分を防護できる可能性はほとんどなかった。ピヴェール家の家族は、祖母ジャンノンのみをスケープゴートにして切り抜けようとしたが、裁判官たちのプランはそれとは反対に関係者の間での緊張と分断を拡大させ、できるだけ多くの魔女を見つけ出して(作り上げて)排除し、神と世俗君主の権力を盤石なものにする、というものだった。だから裁判は、隣人どうしの不和・憎悪、暴力と復讐への欲求を養分にしながら進められるが、それを裁判によって昇華させることなく、むしろ奨励し煽り立て増殖させて、自分たちのコントロール下に具体的な形を与えようとしたのである。

在地裁判所の裁判官は、ピヴェール家と昔から諍いを抱えていたニコラ・ドマンジュおよびその二人の娘による密告、そしてロラ・ピヴェールの家の下女コレットの語る話に大いに関心を惹かれ、彼らの告発を認めて裁判を始めることになった。さらに小さなマンジェットが思い違いをしながら、どんどん作り話をしてくれるのにいっそうの力を得て、ピヴェール家のほぼ全員、さらにその周辺の人々を有罪にしていったのである。もちろん、その都度、上級審の学識法曹によるお墨付きを得て自分の判断を正当化することも忘れなかった。

被告を有罪にするやり方はどこでも似たようなものかもしれないが、一人でも信頼できる人物が徴憑になりうる証言をしたなら、そこで名指しされた被告を是が非でも自白に追い込む、という手順だった。その際、家族を分断し、不安にさせ、誰それはもう白状しているぞと畳み掛け、彼/彼女の罪状を証言する証人（家族）と対質させ、それでも吐かないときは、拷問をチラつかせて脅すか、実際に拷問して自白させるのである。

司法官のやり方を示す典型的シーンは以下のようなものである――

われわれはつづけて何度も彼の身体を引き伸ばした。だがそれでも彼は否定しつづけ「お慈悲を」と叫び、神に助けを乞いつづけた。これを見てわれわれは彼を牢屋に戻したが、もし真実を言おうとしないなら、翌日からまた新たに拷問に掛けるぞ、と脅すことを忘れなかった。われわれは彼に、「お前がサバトに行かなかったなどとはありえそうもない、というのもお前はごく身近な人たちによって告発されたんだからな」と繰り返した。

（ジョルジュ・ピヴェールに対する一六〇二年七月一八日の尋問）

南ロレーヌ地方では三〇〇ほどの魔女裁判の記録が残っており、それらは管轄が別々のいくつかの在地裁判所において行われた。そのうちのひとつが本件である。ロレーヌ公領で魔女裁判に辣腕を振るったニコラ・レミ――次章で詳述――は本件発生時の一六〇二年には現場を離れていたが、一五九一年に着任した検事総長の地位は死去する一六一二年まで保っていた。そして在地裁判所が寛大すぎる判決を下したと彼が判断したときには、その決定を変えさせることができた。「私は躊躇なく言うが、彼らをあらゆる拷問に掛けてから火刑に処して殺すのが司法の役割だ。それは一方で彼らにふさわしい苦痛によってその罪を贖わせるためだが、他方では、他の者たちがその見せしめの例をじっくり考え、この刑罰の激しさに恐れをなして、サタンから離れるようにするためである」。こう言って憚らないレミ、一〇年間に八〇〇人以上を火刑に処したと自慢するレミの影響が、本件になかったとは言えまい。

第 4 章

魔女を作り上げた人々

ジェイムズ 6 世
（伝ジョン・ド・クリッツ画，1606 年頃）

魔女を作ったのは誰か。裁判所での審理の後、有罪の判決が下ってはじめて正式な「魔女」が生まれるわけであるが、そもそも魔女の現実存在にお墨付きを与えた者たちがいなければ、魔女裁判も魔女迫害も生起しなかっただろう。その点で神学者や悪魔学者たち、そしてその教えを広め魔女狩りを煽る説教をした者たち、あるいは司法官や他の知識人が大きな責任を負う。本章では、こうした宗教エリートと世俗エリートたちの「役割」を調べよう。

中世の神学者

サバト観念が広まり、魔女が異端審問所でシステマチックに裁かれるようになるのは一五世紀の三〇～五〇年代になってからであり、魔女狩りの最盛期は一六世紀後半から一七世紀半ばである。主要な悪魔学書が出版されるのも一六世紀からである。だから魔女狩りが中世の出来事だというのは間違いで、正確には近世ないし近代初頭の出来事なのだ。

これは歴史学者らにより幾度も注記されているし、「暗黒の中世」という偏ったイメージを解消するには必要な指摘であろう。しかしそれで中世が免責されるわけではない。なぜなら中世においても、魔女を仕立て上げる心的装置が着々と作られていたからである。近年の研究では、一三世紀後半から一四世紀前半に、より正確には一二八〇年から一三三〇年にかけて、魔女狩りを正当化するイデオロギー的な基盤を作った神学的・教会法的な趨勢があったとされている。

この期間は、聖俗両権――具体的には教皇とフランス王――が、壮大な争いを繰り広げる未曾有の緊張がヨーロッパ世界に走っていた時期で、その争いはアナーニ事件(一三〇三年)でひとつの頂点を迎える。両権力が対抗しながら自己の優越を主張する中で、後の魔女迫害へのレールが敷かれたのである。これはフランスの中世思想史家アラン・ブローのいわゆる神学的・スコラ学的合理性の「悪魔学的転回」である。その「転回」の結果、知的エリート自身が狂信行為や蒙昧主義を理論的に支えるようになったのだ。

それを説明するために、異教的な迷信・呪術が、それまでのキリスト教教義や神学でいかに位置づけられていたかをまずは押さえておこう。

ヨーロッパに限らず、ほとんど世界じゅうの前近代社会において、日常の困難や危機回避のために呪術にすがる慣行は遍《あまね》く広がっていた。たとえば初期中世のヨーロッパにおいても、神々からの合図を知りたいと占師や巫女に頼ったり、嵐を避け豊穣を願って畑で松明を掲げて母神に神饌を捧げたり、骨と草で作った数珠や他のお守りを用いて病気治癒や厄除け祈願をしたりした。

キリスト教布教者や教父、あるいは公会議やカピトゥラリア（フランク国王による勅令）は、こうした呪術信仰を迷信として非難し、根絶しようと努めた。その方針については九〇六年頃プリュム修道院長レギノがまとめた、いわゆる「司教法典」（canon Episcopi）で定式化された。この法典は後に教会法集成に取り込まれて、その後の迷信対策の基準を長く定めた。そこには「魔女」概念の本質をなす夜間飛行のモチーフ、すなわち農耕の守護女神ディアーナが配下の無数の女たちともども獣に乗り、夜のしじまを裂いて空中を騎行する話も含まれている。そして初期中世の人々によって、女神ディアーナは、さまざまな名前の冥界・魔界の女神や赤子を貪り食う女鬼とも同一視された。

しかし司教法典においては、ディアーナや彼女に類したギリシャ・ローマ的、ゲルマン的、ケルト的な女神／女鬼の存在を信じること、あるいは悪魔がこの世の人やものを物理的に移動・変容させられると信じること、そうしたものの見方自体が許しがたい誤謬・迷信であり、キリスト教の神への正しい信仰を失って悪魔による幻影の犠牲になっている証拠だとされた。それでもこれらは、たしかに後にサバト概念が作られるときの「素材」になったと考えられる。だから中世末から近世にかけて形を整えていった恐るべき魔女像は、悪魔学者や司法官らのエリートが作り上げたものだとはいえ、民間伝承の諸要素をタップリ取り込んでいたこともまた否定できないのである。

だが、魔女概念が誕生するためには、初期中世に悪魔の幻惑・妄想＝異教的迷信と位置づけられていたものが反転して、現実に起きている悪行と見なされる必要があった。つまり悪魔が神から独立した強大な悪行能力を手に入れ、しかも霊的存在という制約を脱して、人間界において物理的・身体的に現存して行動するとの考えが登場したからこそ、サバトの実在、そこでの魔女と悪魔の物理的・肉体的交渉が可能になったのだ。また同時に、魔女が「自由意志」で悪魔と契約を結ぶ主体となり、ゆえに彼女は悪魔の幻惑の犠牲者であるどころか、悪の力の行使者としての責任を負い裁かれねばならない……という考え方への転換もあった。これが「悪魔学的転回」を経験した中世の神学者の貢献ないし責任である。

スコラ学者ら、とくに一三世紀のギョーム・ドーヴェルニュやトマス・アクィナスが、悪魔に頼った占い行為に「悪魔との契約」が含まれると説き、また悪魔との契約は、明文契約でなく暗黙契約であっても、背教とおなじだとした。呪術師というのはもはや無知な田舎者ではなく、配下に夥しい悪霊を従えて巨大化した力を揮うサタンの積極的な共謀者、言い換えれば黒魔術師／妖術師だと見なされたのである。

この神学者たちが築いた基礎の上に、さらに一三二〇年代に教皇ヨハネス二二世が悪魔的魔術を異端と定義するのに貢献した。すなわち彼は「スペル・イリウス・スペクラ」(Super illius specula)という一三二六年の教書で、いくつかの魔術実践(人像、指輪、鏡を作成して祈願するなど)は悪魔への祈願(悪魔崇拝)から由来し、そうした者らは異端者としての罰を受けると定めて、ここに魔術行為がはじめて異端行為とされたのだ。まもなく異端審問では魔術師たちを問い詰め、猥褻行為のために皆で集まり悪魔を崇拝した、と自白させるようになる。

こうして一四世紀末までには、当時、教皇庁も含めて聖俗宮廷で重宝され、人気を集めていたお抱え占星術師やその他の儀礼魔術師でさえ、悪魔の加護を願う妖術師にして異端・背教者だと糾弾されるケースがふえたのである。一三九八年にキリスト教世界の信仰の牙城たるパリ大学神学部が魔術信仰に対する二八項目の断罪宣言(determinatio)を発したが、これは一五世紀には一種の判例になり、その後の悪魔学者にも大きな影響を与えた。

そして司教法典では、「魔女の夜間飛行」は、悪魔によって引き起こされる夢幻で、そうした非現実の迷信を信じることが罪だった——そして償いに断食などの悔悛業を科された——が、一五世紀には、それは物理的現実となって、実践した本人が厳しく処断されるのである。

さらに「魔女」像が完成するためには、個人的な害悪魔術と(サバトでの)集団的セクトによる悪魔崇拝の儀式とを結びつける考え方が必要であるが、その連結はドミニコ会士ヨハネス・ニーダーの著作『蟻塚』(一四三七年頃)の中で、一四〇〇年頃のこととして、はじめて言及された。

以上から窺われるのは、一五世紀初頭までにはすでに異端と妖術に関する伝統的な観念が変化していた事実であり、そこに諸要素から成るサバト・イメージ(第5章で詳述)が合流して、ようやく累積的概念としての「魔女」が成立したのである。

教皇と説教師と大学

魔女狩りの責任者を誰、と定めるのはそれほど簡単ではない。イデオロギー的・理論的なレールを敷いたのが悪魔学者であり、より広くは神学者であったが、カトリック教会の最高の権威者、教皇の肩にもその責任は重くのしかかっている。

そもそも異端審問における拷問を、条件付きではあれ認可したのはインノケンティウス四世(一二五二年)、アレクサンデル四世(一二五九年)、クレメンス五世(一三一一年)ら教皇たちで、これが魔女裁判でも適用された事実は重い。また魔女狩りとの関係で有名なのは、一四八四年の教書「スンミス・デシデランテス・アフェクティブス」(Summis desiderantes affectibus 通称「魔女教書」)で、それまで限定的だったドミニコ会士の異端審問活動を司教の容喙《ようかい》を排して全ヨーロッパ普遍のものに拡張したインノケンティウス八世や、上に名を挙げた魔女概念を変更した教皇ヨハネス二二世であった。

しかし彼らだけではない。まさに魔女狩り最盛期の教皇たちも、魔女狩りを止めようとする強い意志がまったくなかった点、責を負うべきである。たしかに教皇レオ一〇世(在位一五一三

〜二一年)がヴェネツィア政府に対して宗教裁判権に対する共和国の介入を厳しく断罪した例が示す通り、教皇(庁)と剣邪聖省(ローマ異端審問所)は、魔女狩りに積極的な地方の司教や都市政府がむやみやたらな魔女容疑者の逮捕や財産没収・虐待をした場合、関係司教や顧問官・裁判官らを罰することもあったし、また一五九〇年代までには、ローマの宗教裁判所が魔女に関する証言の法的価値を断固否定していたのは、事実だろう。しかしヨーロッパ各地の逸脱に警告を発したにしても、それは生ぬるく中途半端で、効果のない場合が多かった。全体の傾向としては、聖体冒瀆者を魔女裁判に掛けるきっかけを与えた教皇パウルス四世(在位一五五五〜五九年)以降は、異端や魔女撲滅にきわめて熱心な教皇と慎重派の教皇とが交互に登場したのである。

悪魔学のエッセンスを誇大に宣伝し、魔女への不安を掻き立てるのに貢献した教会関係者として次に挙げるべきは「説教師」である。とくに一三世紀以降の托鉢修道士は、聖書や神学・教義の知識の欠けた教区司祭に取って替わって、町や村の広場や教会を舞台に説教し、教訓逸話を交えながら信徒たちの日々の生活における罪を呪い、信心の内面化を図っていた。そして一五世紀からは、彼らは悪魔学書や裁判事例を参考にして、魔女の危険な妖術やサバトについての話を、その説教の恰好の題材としたのである。

後期中世は説教師の時代であり、その説教は多くの大衆を引き寄せた。一五世紀末期、フランスの有名な説教師、フランシスコ会のオリヴィエ・マイヤールの説教には、まるで聖人であるかのように至る所から人々が殺到した。彼は人間(男性)を破滅させ、世界を転覆させる罪の源、淫欲の元、獣に類した存在、という女性像を広めた。

当時神聖ローマ帝国領であったシュトラースブルク(ストラスブール)には、有名な説教師ヨハン・ガイラー・フォン・カイザースベルクがいた。彼は当市のカテドラルで大観衆を集めて説教したが、一五〇八年の「四旬節説教」は、その多くが魔女を主題としており、魔女の害悪魔術や超能力に関する疑問とそれへの答えを述べていった。さらにおなじ都市で、フランシスコ会士トーマス・ムルナーも活躍しており、一五一二年に、彼は自分の手で魔女を火中に放り入れたいと、激越な表現の説教で魔女への憎悪を掻き立てた。さらにフランクフルトにはルター派牧師のベルンハルト・ヴァルトシュミットという熱烈な説教師がおり、殺到する聴衆を前に二八の反魔女説教(一六六〇年に書物として出版)を行った。それは悪の力の跋扈する終末論的ヴィジョンを背景に、悪魔学の内容を短く過激にして、女の弱さ、悪辣さ、悪魔との結託、悪行、死ぬべき運命を説いたものだった。

イタリアではフランシスコ会士シエナの聖ベルナルディーノの活躍がめざましい。彼の説教は、シエナでもローマでもトーディでも、サバトのイメージを民心に植え付け、とりわけ手ずから殺した子どもの遺体から作った膏薬を使って猫に変身したとされる魔女を糾弾した。ベルナルディーノが説教したトーディでは、説教の二年後、一四二八年にマンテウッチャ・ディ・フランチェスコが魔女として捕らえられた。おなじく著名な説教師ヴァンサン・フェリエは、西アルプスで同様の迫害が行われるお膳立てをした。

こうした著名な説教師でなくとも、土地土地の司教や司祭、あるいは大学所属の神学者による説教も、魔女イメージ宣布に大きな効果を発揮したことは言うまでもない。現地で行われた魔女の悪行と魔女裁判・処刑について説教するよう君主が指示することもあった。たとえば一六一七年、ヴュルツブルクでは、一年以内に死刑が執行された三〇〇人の魔女について、それぞれの死刑判決に至るまでのありさまを大聖堂の説教壇から説くように君主が求めた。こうした説教キャンペーンを契機に、各地で迫害願望が煽られて、さらなる魔女狩りパニックが起きたことは想像にかたくない。なお魔女に関する説教は大量に印刷されて、文字としても広まった。

大学の判決団にも大きな罪がある。とりわけドイツの大学である。ドイツでは、大半の魔女裁判は在地裁判所で行われたが、そこには学識ある職業裁判官がいなかったので、地方の裁判官らは自分たちの判決を下す合法性の根拠を得るために、諸大学の法学部に設定された判決団に鑑定を依頼して、それを得ることにしたのである。依頼される大学は各地に多数あり、判決団ごとに意見はさまざまだったが、害悪魔術の存在に懐疑的で断罪に慎重な大学よりも、有罪を支持して火刑を容認する大学（インゴルシュタットやトリーア）のほうが「人気」が出て仕事が絶えなかった。ドイツでは、大学に鑑定を依頼する前に、管区長からの照会に応じて鑑定する領邦君主の宮廷顧問会があった。彼らも学識法曹で――他に貴族も加わる――、大学でローマ法を、帝国裁判所で糾問手続きを学んだのであり、在地の魔女裁判を権威づけした点で、大学所属の法学者同様の責任があろう。

さらにイエズス会は、彼らが支配した教育機関を通して妖術観念を広める上で大きな役割を果たした。具体的には、君主の聴罪司祭もしくは系列学校や大学の教師としての活動、宗教的な著作や大衆への宣教、魔術に関する専門家の意見書、教団全体の年次報告書（litterae annuae）などを通してである。

悪魔学者の重責

ここまで紹介したすべての教会人、宗教エリートらにまして、魔女狩りのための思想・イデオロギーを作り上げたのは、一五世紀末から一七世紀後半にかけて輩出したいわゆる「悪魔学者」たちとその著作であった。フランスの歴史家ロベール・マンドルーは、じつに三四〇もの悪魔学関係の作品を調べ上げているが、そのリストは完全ではないだろうから、より多くの悪魔学の作品があったことだろう。

悪魔学者らは、法学、神学、医学などに通じ、しばしば異端審問官や世俗裁判官としての実際の魔女裁判の経験を元にして、著作をものしている。神の栄光とキリスト教世界の守護のため、魔女という仇敵を是が非でも殲滅せねばならないと信じた彼らは、魔女とその妖術の実在を証明し、読者にその害悪の重大さを示し、魔女を殲滅させる手段を詳解している。多くの著作で、魔女訴追のための具体的な法的手続き、問うべき質問、拷問はじめ自白をさせたり共犯者を密告させたりする効果的な取り調べ方法などが論じられていて、それが実際の裁判に携わる司法官に伝わり、地方ごとの慣習・伝統をも加味して共有されていった。こうして悪魔学の考えが普及することで農村世界の土着的・呪術的思考が「悪魔化」され、村や町の住民たちの間から魔女狩りが沸き起こっていくようになるのである。

悪魔学書はフランス、スペイン、神聖ローマ帝国をはじめヨーロッパじゅうで作成されたが、どれもよく似ていて、互いに写し合ったり参照し合ったりしたことは明らかで、後続の悪魔学者は先行者の言論を再録し、洗練させ、敷衍している。つまり妖術の累積的概念がそこにはあり、やがて魔女裁判に携わる司法官が、それらの著作を何度も読み、利用・引用することによって皆の共通知識になっていった。

魔女裁判での自白内容がどれもよく似ているのは、裁判官が「マニュアル」に沿って尋問し誘導して答えさせていったからであり、拷問用具を見せられて「私は一体何を自白したらよいのですか？」と刑吏や裁判官に問い掛けて教えてもらい、その通りに答えることも稀ではなかったのである。

この悪魔学テクストの蔓延には、おりからの活版印刷術の誕生が大きく貢献した。著名作品はまさにベストセラーとなったし、一六世紀から一八世紀にかけて、悪魔の策謀、魔女とその妖術を扱った書物・パンフレットは数限りなくあったので、活版印刷がサタンの恐怖を、そして魔女裁判を増殖させたと言っても過言ではない。

『魔女への鉄槌』

初期の、そしてもっとも有名な悪魔学書は、ヤーコプ・シュプレンガーとハインリヒ・クラーマーによる『魔女への鉄槌』(一四八六年)である。最近では共著ではなく、実際にはクラーマー一人の作品とされている。

たえず裁判官の参照する基本文献、異端審問官のバイブルとなった同書は、三部に分かれ、第一部では悪魔と魔女による妖術の数々を、男夢魔や女夢魔による誘惑も含めて解説し、第二部では、魔女による妖術の具体的なやり方とそれへの対抗策を論じている。呪文や契約、子どもの犠牲や悪魔との情交の逸話は、著者が行った異端審問での事例や他の教会著作家の作品から採っている。そして第三部では魔女裁判の訴訟手続きをはじめて体系化しているが、噂や証言の取り扱い(普通の裁判では証言を許されない犯罪者、偽証者、被破門者の証言も認められる)、拷問の科し方や自白させるための騙しのテクニックなどを説明している点が注目される。原著はラテン語で、ついでフランス語、ドイツ語、イタリア語、英語などの世俗語に訳されて出版された。合計すると一六六九年までに三四版以上、約三万部がヨーロッパ各国で出回ったベストセラーであった。

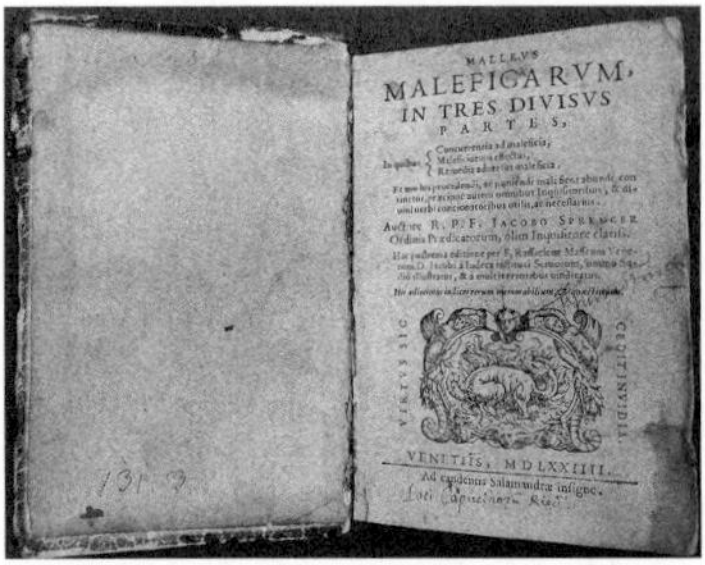

図4-1 『魔女への鉄槌』(1574年版)表紙

同書は全体として、聖書、教父・神学者の著作、教会法・市民法、被告の自白などを参照して魔女迫害を正当化しているが、トマス・アクィナスの『神学大全』にもっとも大きく依拠し、議論の提示、相反する二つの答え(異論と反対異論)とそれらを支持する「権威」、採用する命題とその論理的証明、そして対立意見の弁証法的論駁を積み重ねていくスコラ学の「問題」(quaestio)方式をそっくりそのまま真似ているのが際立っている。

同書の大いなる特徴は、魔女の罪はルシフェルのそれについで他のすべてを凌駕するひどいものだとの主張に加えて、「なぜ魔女は女性なのか」という問いに答える中で連呼される、女性蔑視と女性へのオブセショナルな恐怖とりわけ女性の性(欲)に関する言説である(とくに第一部第六問）。すなわち著者は、女性はエヴァの末裔ゆえ、不実で野心家、そして何より淫乱だと非難を重ね、魔女は姦通と堕胎など性的犯罪にいつも絡んでいるとする。女性が悪魔と結託して男たちおよび世界全体を脅かす害悪魔術を行うのは、彼女らが肉体も魂も、本性上欠陥があって男性より劣り、その肉体にはムズムズするような抑制の利かない欲望がつねに渦巻いていて、容易に悪魔に騙され誘惑されるからだという。

さらに同書には、悪魔・悪霊とその女奴隷たる魔女との性行為の様態や誘惑のテクニック、また性的悦びの諸特性などについてのじつに微に入り細を穿った描写がある。ことに目立つのが、性器の悪辣にして汚穢なるイメージであり、すべての悪が飽くなき肉欲の膣口から由来するとか、陰茎を失った一人の男がそれを回復するためにある魔女に頼ると、魔女はその男に、木に登りそこにある鳥の巣の中に生き物のように動いているたくさんの陰茎があるからと、ひとつを選ばせてくれた、男が大きなのを選ぼうとしたらそれは司祭様のものだから駄目だと言われた……などのエピソードを載せている。

「サバト」以外の魔女の要素はすべて完備しているこの『魔女への鉄槌』に、先駆者となる作品がなかったわけではない。上記の「中世の神学者」もそうだが、ほかにすでに言及したドミニコ会士ヨハネス・ニーダーの『蟻塚』からは魔女の妖術の種類と方法を、そしていくつかの代表的な異端審問のマニュアル、すなわち一三世紀のアウクスブルクのダーフィト作とされる『異端審問官の手引き』、一四世紀に入ってベルナール・ギーの『異端審問の実務』(一三二三年)、そしてとりわけスペインのドミニコ会士で異端審問官だったニコラス・エイメリクによる『異端審問官への指針』(一三七六年)などからは、異端審問における体系的な裁判手続きや適用すべき刑罰などを学んだであろう。

ジャン・ボダン

次に取り上げるのは、ジャン・ボダン(一五三〇～九六年)とその『妖術師の悪魔狂』(一五八〇年)である。ボダンはフランス西部の町アンジェに仕立て屋の子として生まれたが、若い頃同市のカルメル会修道院で哲学や人文主義、古典学を学んだ後、トゥールーズ大学で法学を修め、当大学教授を経てパリ高等法院の弁護士、国王検事、検事総長代理、その他の要職を務めた。多くの著作を残したが、『国家論』(一五七六年)で近代的主権概念を提示した政治思想家としてもっともよく知られている。

彼の『妖術師の悪魔狂』も『魔女への鉄槌』同様ベストセラーになり、出版後二〇年でもともとのフランス語のほかラテン語、ドイツ語、イタリア語の四カ国語で二〇の版が世に出た。

同書でボダンはまず妖術師(魔女)を定義し、ついで霊および霊と人間との関係、妖術の方法と妖術から身を守る手段、さらには裁判での魔女の見分け方、妖術犯罪の証拠、自発的・強制的自白と刑罰……などを論じている。とくに悪魔との契約や死者の召喚、悪魔との性交、サバトなどの「現実性」について一見合理的議論をした点が際立っている。

ボダンは、魔女の妖術・害悪魔術が例外犯罪であることを強調した。彼の考えでは、それは一方では神への大逆罪として非常に重大な犯罪であったが、他方では立証がきわめて困難なため、裁判官は魔女を裁くに際しては、通常の訴訟手続きの規範を無視する権利があり、またそうする義務があった。ボダンは、どんなに弱い徴憑でも、いかに疑わしい証言でも——ただ一人の証言でも——証拠として認められるよう特別な手続きを要求した。そして拷問を擁護し、サバトの現実性の紛れもない証である「悪魔の印」を針で探すべきことを説いた。

図 4-2　ジャン・ボダン(フランソワ・ストゥエルヘルトによる版画，1620 年以前)

そして彼は、魔女の妖術・悪行のうち、背教、冒瀆、子殺し、悪魔との情交、人肉喰い、毒殺など一五ほどを挙げて検討し、彼女らを教会秩序の紊乱者であるとともに国家反逆者でもあると断じて、根絶するための法的手続きを解説している。とりわけ現場の裁判官に役立ったのは最後の第四巻で、そこでは裁判の具体的手続きが詳しく紹介されている。

ボダンにとっては、悪魔は何よりもペテン師だった。嘘と贋金が結びつき、だからサタンに身を任せ富を得ようとしても、それはすぐに消え失せてしまうのだ。契約はいかさま取引で、魔女がいくら悪魔に奉仕してももらうのは贋金で、彼女が富むことはない。偽の富と偽の知識を提供するのが悪魔のやり方なのであり、そのメタファーが、サバトの味気なく栄養もない食事だという。

また、女は悪魔とおなじく「嘘つき」であり、魔女の言葉は、絵空事だ。こうした嘘つきのペテン師たる魔女＝被告には、裁判官たちとしても法的な奇術・ごまかしで対抗して出し抜かねばならない。彼女の言葉に注意深く聞き耳を立て、こちらから騙さねばならない。そうした手練手管をボダンは同書で伝授している。

それゆえに、ボダンは情報提供者の嘘、密告、情状酌量の偽りの約束などを容認した。そして教会に匿名の手紙を入れる「目安箱」を設置して密告を奨励するよう、地方権力に促した。

ボダンに特徴的なのは、ペテン師たる悪魔と魔女らの妖術は、自然と神を侮辱するイリュージョンで実体のないものだ、としつつも、それにもかかわらず、悪魔の力による「変身」や物質・身体の「移動」を現実のものとしたことであり、この点は多くの神学者・悪魔学者たちの反論に遭った。

当代のヨーロッパを代表する知性でコスモポリタンな精神を備えたボダン、偉大な政治思想家・人文主義者にして宗教的寛容をも進んで説いてきた彼が、なぜ妄想の書というべき『妖術師の悪魔狂』を書いたのか、不思議である。しかし絶対主義の父と言われる彼が『国家論』を書いたことと、魔女糾弾の書を書いたこととは、矛盾しないだろう。『国家論』で説かれているのは、神の支配する宇宙論と人文主義法学にもとづく「聖なる国家」の基礎理論だが、魔女というのは、こうした聖なる国家、言い換えれば主権を持った正しい統治への反逆者なのであり、家族から市民共同体を経て国家まで、あらゆる秩序を紊乱してそこらじゅうに無秩序を広げていく極悪人なのだ。魔女らの世界では、父権が否定され、姦通の子孫、母系の子孫が優遇される。宗教儀式は逆転し、ダンスさえ逆さに踊る。性の逸脱、度を越した不摂生の食と遊び……こうした不道徳に耽る者には正義と秩序が必要だが、病膏肓に入って癒やしがたい魔女らは、キリスト教世界から、王国から、きれいさっぱり除去せねばならないのだった。

ニコラ・レミ

ボダンにもまして悪名高いのが、ロレーヌ公領の裁判官で一五九一年にロレーヌ法曹界最高位の役職、検事総長に昇進したニコラ・レミ(一五三〇頃～一六一二年)である。一五八六～九五年に八〇〇人以上を処刑したと自負する苛烈な魔女裁判で知られる彼は、ボダンとおなじく悪魔との契約やサバト、魔女の害悪魔術の現実性を固く信じ、魔女は殲滅されるべきだとした。

彼の魔女への憎悪が本格化したのは一五八二年で、それは自分が乞食女に施しをするのを拒んだ数日後に長男が亡くなるという不幸があり、それを「魔女」の妖術のせいだと信じたのだ。彼は、息子を呪殺した廉《かど》でその乞食女を告訴し、以後生涯にわたって魔女追及に情熱を注いだ。

彼は裁判官の経験を生かした悪魔学書『悪魔崇拝』(一五九五年)を書き、自分の関わった裁判の中でもとくに被告の自白について解説しつつ、魔女が人々を毒殺する諸方法、悪魔との契約や、とりわけサバトで行われる宴会、踊り、乱交について多くの紙幅を割いた。そして彼は、すべての妖術の生まれてくる根源に「悪魔崇拝」を据える。彼が悪魔による誘惑法だとする術策は、最初は相手をおだて、富や権力、愛や安らぎを約束し、次に災難や死の脅しで引き込むのだという。同書はフランス語以外にドイツ語版があり、併せて八版を数えた。裁判官のマニュアルとして使われ、同時代のボダンの著と同様な権威をもって知識人に受容された。

ジェイムズ六世

スコットランド王ジェイムズ六世(在位一五六七～一六二五年、本章扉)は、一六〇三年、イングランド・スコットランド同君連合の王(ジェイムズ一世)としてスチュアート朝を始めた。彼は魔女現象に並々ならぬ興味を抱き、スコットランド王だったときに『悪魔学』(一五九七年)を執筆した。また彼がスチュアート朝を創始した翌年(一六〇四年)、「魔術、魔女および悪霊との交わり禁止法」が制定された。彼の統治時代には、大きな魔女狩りが二回起きていることにも注目すべきである。

ジェイムズが悪魔学書を書いたきっかけは、自分の結婚式にまつわる海難事件である。すなわち彼は、デンマーク・ノルウェー国王フレゼリク二世の娘アンと結婚したのだが、アンが一五八九年九月初頭コペンハーゲンから結婚式のためにスコットランドに船で向かう途中に嵐に襲われ、やむなくノルウェーの海岸都市に寄港した。さらにジェイムズが一〇月下旬にアンを迎えにノルウェーに向かったときも、再び嵐に襲われたのである。

結婚式は当初の予定のスコットランドではなく、オスロで行われ、二人は年末までノルウェーに留まり、その後デンマークに翌年四月下旬まで滞在、海路スコットランドへと出立したが、そのとき三度目の嵐に見舞われた。

それからおよそ半年後の一五九〇年一一月に、スコットランドで行われた魔女裁判の中で被告の自白があり、嵐を起こしたのがスコットランドの魔女たちで、王殺害の企みも判明した（その前にコペンハーゲンでも魔女裁判が開かれ、何人かのデンマークの魔女が処刑された）。これには政治的な裏もあり、反国王派の大物ボスウェル伯フランシス・スチュアートの関与が暴かれ、彼は追放刑に処された。魔女として約七〇人が告発されたが、首謀者アグネス以外の処刑者が何人いたかは不明である。

こうした体験をしたジェイムズ王が魔女問題に関心を深めて、『悪魔学』を執筆したのである。彼自身の魔女への関心はまもなく冷めたが、スコットランドでは大規模な魔女迫害が一七世紀に入ってもつづき、告訴されたのは約三〇〇〇人に上るという。

それでは彼の『悪魔学』には、どんな特徴・意義があるのだろうか。同書は対話形式で書かれていて三巻に分かれ、第一巻が「魔術と交霊術」、第二巻が「妖術と呪術」、第三巻が「精霊と幽霊」に関わる。

第一巻では主に占星術を含むさまざまな形の占いが論じられるが、彼がもっとも関心を寄せているのは、悪魔を召喚して行う死霊術であった。第二巻では、まさに魔女とその害悪魔術を扱っている。魔女の見分け方、その薬草知識や呪文などを説明するとともに、女性が魔女になりがちな傾向については、女性の弱さ、悪魔の罠への陥りやすさ、さらに性格的なものでは貧困に由来する貪欲や、自分が被った不正への復讐心などを理由に挙げている。そして第三巻は、男女を悩ます諸霊(地霊、外から人を襲う霊、内面に憑依する霊、妖精として知られる霊)を扱っている。またこの巻では、「そのような霊の一種」として狼男の実在は否定し、したがって魔女は獣に変身できるという信仰をも認めなかった。最後の章では、魔女の犯罪は本人に加えて擁護する者すべてが厳罰に処されるべきだと主張している。

この論考は、スコットランドでの出版の六年後、一六〇三年にイングランドでも出版されて影響を及ぼした。そして同書には、魔女の犯罪の悪魔的性質をかつてないほど強調し、その後のすべてのスコットランドの魔女狩りの基礎となる情報を提供した、という恐るべき意義がある。ジェイムズ王のこうした「貢献」は、ヨーロッパ大陸の悪魔学者たちの説の輸入によってではなく、独自の考察の展開に由来した。彼は魔術師と魔女を別個に扱い、また両者の比較によって新機軸を打ち出したのである。

アンリ・ボゲ

アンリ・ボゲ（一五五〇～一六一九年）はフランスの大判事・弁護士・悪魔学者で、スイスと接するフランシュ＝コンテ地方のサン＝クロードで裁判官を務めた。そして夥しい魔女を裁き、残忍な拷問を使って自白を強要した。彼が断罪した者の多くは、最初に絞首されるという慈悲もなく火刑に処された。また彼は、一度悪魔が汚した子どもは更生できないと宣言し、反対意見をよそに子どもを火刑に処すこともためらわなかった。

ボゲが魔女の妖術について論じた『魔女論』（一六〇二年）の権威と人気は『魔女への鉄槌』に匹敵し、二〇年間で一二版を重ねた。とくに同書最後には、魔女裁判の裁判官への実務的指示として「魔女法規」（Code des sorciers）が付されており好評だった。

同書もまた、上述の悪魔学書とおなじく魔女・妖術師の妖術を詳しく議論している。すなわ

図 4-3　「若い魔女」(アントワーヌ・ヴィールツ画, 1857 年)

ちボゲは、魔女のサバトでの凶行、雹を降らせる手管、毒薬粉の作り方、飛行用膏薬の使い方、息を吐きかける殺人法、裁判官の前での涙の欺瞞、悪魔の印、狼姿への変身……などについて解説し、以上のような大罪ゆえに、彼女らは臨終に際しての終油の儀式などなしに火刑にされ、身体も魂もともに滅ぼされるのだとした。

ボゲは創造主の業を破壊する密かな同盟を結んだ人々の存在、すなわち集団としての魔女たちの存在を疑わない。それは殺人や異端をしのぐ悪であり、目的も手段もそれらを超える神への大逆罪にして瀆聖・冒瀆だ。さらに夜、つねに秘密裏に行われる犯罪ゆえ発見がもっとも難しく、しかも通常の予審には適していない。だから魔女の犯罪はこれまでにない調査、裁判機構・手続きが必要な「例外犯罪」であり、ゆえに被告が子どもであっても厳罰をもってすべきだとした。

またボゲは『魔女への鉄槌』とおなじく、女性の性に異様な情熱をもって論じている。悪魔はあらゆる魔女と性交渉するが、それは女が肉体の快楽を悦ぶことを知っているからだ。妖術は女と不可分で、悪魔は女性の「秘部」を使ってしゃべるのだ。かようにボゲは、魔女のサバトや悪魔との情交に関する薄気味悪い記述に夢中になっていた。

ピエール・ド・ランクル

ピエール・ド・ランクル(一五五三～一六三一年)はフランスのボルドー出身で、イエズス会学校、トリノ大学で法学を修め、ヨーロッパ各地を遊学して知見を広めた後、帰郷し、一五八二年にボルドー高等法院評定官に任命された。その後一六〇八年末にフランス国王アンリ四世によってバスク地方のフランス領ラブールでの魔女調査とその排除を命じられた。彼を長とする調査委員会は、翌年には被告・証人合わせて六〇〇人近くを尋問した挙げ句、ほんの四カ月の間に数十人を処刑した。

彼は自分の魔女調査と裁判の経験を元に、魔術について三冊の本を書いているが、最初の本『悪しき天使と悪霊の無節操一覧』(一六一二年)がもっとも主要な悪魔学文献である。同書を他の悪魔学者の著作から分かつ大きな特徴は、魔女の悪行の原因を、もっぱら悪魔の超自然力に帰すのではなく、医学的知識を取り込んで「自然科学化」しているところだろう。すなわちド・ランクルにとっては、四体液から成り、そのバランスの崩れから病気を発症する人間の肉体こそが、奇妙な現象が物理的に出現する劇場なのであり、悪魔の業とされたのは、身体の妖しい異変に他ならないのである。

もうひとつの特徴は、魔女の輩出する原因探求に風土論的視点を加味していることである。つまりバスク地方に魔女が溢れているのは、そこがフランスとスペインとの国境地帯で、スペインの悪習が入って来て、住民(バスク人)が迷信深く高慢になっているからだとしたのである。そして無節操な領域である海こそ悪魔の好む所で、したがって船乗りとしてその無節操な海を生活の舞台にするバスク人も無節操だ。カナダやニューファンドランド島への遠洋漁業で故郷を離れる夫が多く、もともと放蕩者だった残された妻は、容易に悪魔の餌食になってしまう。遠洋から帰郷した男らは、祝祭、狂乱ダンス、飲酒に耽って収入を浪費する。こうした地域に魔女がはびこるのも不思議ではない……。

さらにド・ランクルは、魔女らの自白から、サバトに関する数多くの物語を収集した。すなわち彼女らは毎週、ときにはほとんど毎日、どんな時間でも、たとえミサの最中でも集会に出席した。一年に四回行われる主要なサバトには、二〇〇〇人もの群衆が集まった。彼女らは裸で踊り、死体を食べ、交わり、黒ミサを行い、悪魔を崇拝した。さらに農作物や果樹を台無しにするためにヒキガエルやクモを原料に毒を調合した。

ド・ランクルは、魔女は実在し、その害悪魔術、悪魔との契約、嬰児殺しや墓からの死体掘り起こしは彼女らの「自白」と「印」で実証され、まさに現実のものであって欺瞞や幻想ではない、と繰り返し主張している。とりわけ魔女の食人について何度も言及し、それは魔女のもっとも本質的な特徴だと考えている。そして魔女が幼児の血を飲み、その肉をドロドロになるまで煮て食するさまを詳しく記述している。サバトにおける悪魔との淫らな性交を嬉々として記述したり、魔女の嫌疑を掛けた夥しい少女たちを裸にして全身を針で刺していく検査に熱中した行状とともに、異常性癖を思わせる。

ド・ランクルも、ボダンとおなじく国家秩序＝王権の価値の擁護に挺身していたが、それは彼が神学者とか哲学者ではなく、現役の裁判官として王の命に従って働いていたからだろう。

他の悪魔学者たち

ほかにも、重要な悪魔学者とその著作があった。フランスのドミニコ会士で異端審問官として各地で活躍したニコラ・ジャキエの『魔女異端への鞭』(一四五八年)は、サバト、悪魔崇拝、悪魔への供犠と契約に焦点を当てて魔女を新たな異端と断じた。パドヴァ大学出身の法学者ウルリヒ・モリトール作の『魔女と女予言者について』(一四八九年)も一種の悪魔学作品だが、形式としては、三人の人物の鼎談である。質問者は、オーストリア大公のジギスムントで、二人の法律家が返答している。同書の議論の流れは、聖書、聖人伝、アウグスティヌスなどに拠りつつ、魔女の存在を認めて世俗当局が異端として死刑宣告できるとするが、同時代の魔女の妖術、サバトへの夜間飛行や悪霊との交接での出産の真偽については懐疑的であり、同書が魔女狩りを推進したかどうかは評価が分かれるだろう。

イタリア出身のフランチェスコ・マリア・グアッツォはミラノの托鉢修道士だったが、一六〇〇〜〇五年にライン地方で魔女狩りに関わり、その経験をもとに一六〇八年に『魔女要覧』を出版した。そこで彼は悪魔との契約を分類整理して詳説するとともに、クラーマー、レミ、デルリオ(後述)をはじめ何百人という先人たちを参考にしながら幾多の妖術とそこからの救済・除去手段を「議論」と「例示」の組み合わせで紹介している。また、魔女は遺伝し母から娘へと受け継がれる、サバトでは魔女たちは新しい洗礼を受けグロテスクなあだ名をもらって完全に神を棄てる、彼女らはキリストの書から自分たちの名前を抹消し大きな黒い台帳に記すように悪魔に頼む、悪魔への服従の印として自分の衣服の一部を差し出す……などいくつものユニークな主張も興味深い。さらに同書には、魔女の悪魔への臣従儀礼やキリスト教の棄教、さかさまの儀式などに関連する多くの図版が付されており、読者のイマジネーションを刺激した。

ペーター・ビンスフェルトは、ローマに留学してイエズス会士から多くを学んだ後、トリーアの副司教となり同地での魔女狩りを推進した。彼は一五八九年、コンパクトな悪魔学書たる

『妖術師と魔女の告白論』を書いて大きな波紋を投じた。ビンスフェルトは同書で、魔女はいつでも悪魔の助力を得られ、したがって悪魔同様、ほとんど何でもできる、それは「契約」のおかげなのだ、とする。また彼は、魔女裁判では、たったひとつの自白あるいは告発があれば、後は有罪の心証を与える微弱な徴憑を見つけて自白を引き出すためどんどん拷問してかまわない、と主張した。同書は魔女狩りを批判したヨハン・ヴァイヤーの書物(第8章参照)への駁論でもあった。

マルティン・アントニオ・デルリオは、学識あるイエズス会の神学者・歴史家であり、ブラバント公国の国務会議の検事総長でもあった。彼は一五九九年に『魔術探究六書』を刊行した。同書は、多くの例示を伴うあらゆる魔術の総覧で、裁判における裁判官らのマニュアルになることをめざした書物だった。彼がとくに関心を寄せたサバトについては、それは複雑な儀礼の場でカトリックの典礼を諷刺したものだとしている。

以上、主要な悪魔学者とその著作を紹介してきた。これらの著作は一見支離滅裂で矛盾に満ちているとも言えるが、その推論・論理はきわめて構造化されていて、矛盾があるように見える部分でも、すべてに合理的な答えが準備されている。そしてこれらの著作中に描かれる組織化された構造物、君主(サタン)と属僚たちの階梯によって秩序立てられた「悪の王国」のヴィジョンが、その対照物として、集権的なキリスト教共同体や国家（領邦）の実現を図る聖俗権力の伸長に力を貸すものになっている。『魔女への鉄槌』は教皇権を擁護し、ボダン、ボゲ、ド・ランクルは、絶対王政とその権力の辺境（境界）への貫徹を支持したのである。

第 5 章

サバトとは何か

「牡山羊に逆さに跨る魔女」
（アルブレヒト・デューラーによる版画，1500 年頃）

魔女狩りが本格化した後には、サバト(悪魔を中心とする魔女集会)への出席がすなわち魔女の証拠と見なされるほど、魔女とサバトは密接に結びつく。それゆえ裁判においては、その点を中心に尋問が繰り返された。またサバトの存在は、魔女が孤立したプレーヤーではなく、集団的存在だということをも示している。裁判で一人の魔女の証言(密告)を聴取し、「共犯」を続々と突き止めていったのはそのためである。

サバトの誕生と発展

では、いつどこで、いかにしてサバト概念は誕生したのだろうか。それはスイス西方の山地とその周辺(フランス・アルプス地方、北西イタリア)において、一四二〇年代末から一四四〇年代はじめに結晶化したことが分かっている。すなわち半ば民間信仰、半ば学者の知識に由来する要素が、その場所・その時期に渾然一体となり、サバト神話が形成されたのである。最初期のサバトのイメージは、いくつかの史料が証拠立てている。

① 一四三〇年頃スイスのルツェルンの年代記作者ハンス・フリュントが記しているのは、ヴァレー州のアニヴィエ渓谷とエランス渓谷で一四二八年頃始まった裁判である。二〇〇人余

りを拷問した結果、七〇〇人以上の男女が秘密の「学校」(ecoles) に集まり悪霊に出会って契約を結び、富および権力と引き換えに神やキリスト教の秘蹟・儀式を否認するよう命じられ、さまざまな害悪魔術のやり方を教わった……ということが判明した。まだ統一的イメージは出来上がっていないが、椅子での飛行、狼への変身、異端集会などへの言及が、サバト・イメージの構成要素となりつつある。

②前章でも触れたヨハネス・ニーダーは、その著『蟻塚』(一四三七年頃) の第五巻で、今度はローザンヌ司教区およびベルン市に属する土地でのサバト・イメージを記している。おおよそフリュントと同様な記述内容で、秘密集会での新生児の人肉食、その遺体を使っての膏薬や粉末作り、動物への変身、悪魔への臣従儀礼、諸々の悪行などが言及されるが、やはりまだまとまりのないイメージの寄せ集めである。

③アオスタ渓谷地域で書かれたと考えられる『ガザリ派の誤謬』(一四三六〜三八年) は、火刑に処された魔女たちの自白からサバトのイメージを再構成しているが、とくに悪魔への誓約、毒薬作りとその効能、魔女になった理由などを詳しく記していて、そのサバト・イメージはより完備し体系化している。

④ドーフィネ地方の法学博士で魔女裁判の裁判官でもあったクロード・トローザンは、一〇年に及ぶ一〇〇人ほどを裁いた魔女裁判の経験から、一四三六年に『ガザリ派の誤謬』に近

い内容のサバト像を記した論考『魔術師と魔女の誤謬が無知な人々にも明らかになるために』を残している。

⑤ 教皇フェリックス五世に仕えた後、ローザンヌの司教座聖堂参事会長などを歴任したマルタン・ル・フランは、『貴婦人の擁護者』(一四四〇~四二年)という長大な寓意詩を書いてブルゴーニュ公に献呈した。女性の社会的地位をめぐって始まった論争に触発されたこの詩では、女性を擁護する主人公フラン・ヴロワールが、女性と愛を攻撃するマルブーシュと見事に対決する。そこでサバトおよびサバトでの悪行の真偽が議論になり、同時代の裁判や魔女の自白まで引き合いに出されている。サバトがはじめて「女性のもの」と書かれているのが注目に値する。

以上五つのテクスト作成は一四二八~四二年という短期間に集中しており、しかもそのサバトの「現場」は、アオスタ渓谷、ローザンヌ司教区、ヴァレー、ドーフィネ、ピエモンテという西アルプス周辺の山がちの荒涼たる所に比定されている。これらの史料から推定できるのは、当時とりわけこの地方で色濃く残っていた、民衆の呪術的な土着文化(ギリシャ・ローマ、ケルト、ゲルマンに由来する神話をも含めた)の諸要素や民衆的に解釈されたキリスト教の悪魔・悪霊像を主な「原材料」として、それらを目《ま》の当たりにしたエリート知識人らがキリスト教の正統教義・典礼と突き合わせながら、ブリコラージュしたところにサバト・イメージが成立した、ということである。

骨格となる根本概念は、①異端セクトとしての魔女(第1章で既述)、②反ユダヤ主義(ヘブライ語のSabbāthつまり安息〈日〉から由来、またサバトは当初しばしばユダヤ教会を意味するsynagogaと呼ばれ、さらにセクトのメンバーはときに「ユダ」に比肩された。魔女のダンスの先駆としてユダヤ人のダンスを見る考えもあった)、③陰謀への恐れ(一三二一年にユダヤ人・ハンセン病者・イスラーム教徒が密かに結託して井戸に毒を撒きキリスト教世界を覆滅させようとしたとの噂が広まりパニックになった事件に比される、魔女集団による王国やキリスト教世界瓦解の陰謀への恐れ)、④妖術(第1章で既述)であるが、それらをもっともらしく粉飾するとともに、多数の民衆を魔女に仕立てるのに役立ったのが、そこに流入した異教的民衆文化の諸要素であった。

ここに紹介した西アルプス周辺での早期的なサバトの記述の後、サバト・イメージは一気に――イングランドをのぞいて――ヨーロッパじゅうに広まる。一四三一～四九年にサバト揺籃《ようらん》の地のすぐ近くで開催されたバーゼル公会議は、周辺地域で話題になっていたサバトを含む目新しいイメージが、口伝えで多くの知識人に広まる絶好の機会になったことだろう。そして一五世紀後半からは、フランスの異端審問官や神学者の著作、その他初期の悪魔学著作でサバトが簡単に触れられるようになり、ついで一六世紀から一七世紀にかけて、前章で述べた代表的悪魔学者たちの著作により詳しく描写されて、ヨーロッパ各地の多くの読者――とくに聖職者や司法官――に広まっていくのである。
風紀の粛正を説いて回る説教師の説教、村人が集まって語らう農村の夜の集会や大人・子どもの噂話、魔女の火刑前の罪状公表などでのサバトへの言及は、文字を読めない者にも、そのイメージが普及する機縁になり、やがてこの妄想はヨーロッパの住民全体の心性に染み付いていった。そしてヨーロッパじゅうの魔女裁判で、どの魔女も判で押したようにサバトでの所業を自白するに至る。サバトに行ったと語る者こそが魔女なのである。

サバト開催地と日時

サバトの具体的姿、そこでの魔女や悪魔の行動については、地域ごとの住民の気質や風俗習慣、社交形態によって大きく変わっていくが、以下では典型的なケースを提示してみたい。
まずはどこでサバトは開催されたのか、という地理的要件である。サバトで現行犯逮捕された魔女はいない、という事実が物語るように、サバトとは妄想にすぎず、言葉の中にしか存在しないものではあるのだが、それでも、実際にあちこちに現存するものとして、その地理的位置が推定された。すなわち遠くの山の上とか森の中、荒れ地、四つ辻――辻を守護する氏神祀りの異教信仰に由来する――などで開催されるという。泉や沼などの「水」や篝火などの「火」がしばしば出てくるのは、古代の神々礼拝や儀礼の跡を留めている。

意外にも開催場所として多かったのは、箒・棒や動物に乗って飛んでいかねばならない非常な遠隔地ではなくて、歩いて――貴族・エリートは黄金の幌付き四輪馬車などで――も到達可能な近場の林や山・丘であったようだ。村外れ、いや村の広場、教会付属庭園や墓地、処刑場、さらには廃墟の城館や納屋といった身近な所も開催場所になっている。

その身近さの理由は、サバトでの行事が農民たちの日常の気晴らしと絡んでいたからだ。サバトとは、村の祭りや、たらふく飲み食いする宴会場、またダンスパーティーのようなものだとの証言がしばしばあった。多くの魔女は、サバトに家族親戚一同、隣人たちも打ち揃って、まるで物見遊山のように出掛けたのである。

一例を挙げれば、ド・ランクルが尋問したある二〇代の若い魔女が語るには、サバトは楽しみが一杯溢れた楽園で、時の経つのを忘れてしまう、まるで結婚式に行くようだ、サバトに行くのがどうして悪いのか分からない、次に来るのが待ち遠しくて、裁判官の二回の聴取の間にも行ったくらいだ……など、口を揃えて楽しさを語って後悔も罪悪感もないようだった。

民衆の娯楽の場としてのサバト像とともに、農村社会には太古から存在するシャーマニスティックな豊穣儀礼と絡んだサバトのイメージもあった。たとえば、動物に乗って、または動物に変身して死者の国に旅立つ魔女（の前身）たちには、小麦の生命力を回復するために、また畑の豊穣を確証するために、その死者や精霊の神秘的な行列に参加するという目標があった。ロレーヌ地方の裁判では、証人たちはサバトに葬送儀礼を見ており、サバトの食事にしばしば魂・死と関係する黒い「黍」(millet)を食べたのもそのためだろう。

いずれにせよ、サバトの中にこうした娯楽・気晴らしや豊穣儀礼・死者儀礼を見ていた一般民衆と、悪魔を中心として妖術に耽る魔女の集会を見た教会エリート・悪魔学者らとの受け取り方の乖離は、きわめて大きかった。

サバトの場所は遠近さまざまだと上に述べたが、サバトの開催される日時についても統一見解はまったくなく、人により、地域により違いがあった。曜日としては、神に取っておかれる土日以外はすべて登場する。多くの史料で集会は木曜に行われる(ユピテルの日だからか)とされるが、他の曜日や二夜つづけての場合もある。たとえばイタリアでは木曜と金曜の間の真夜中だが、ロレーヌ地方では通常木曜前と土曜前の夜中である。ほかには火曜前の夜というのもある。一日の中では夜、真夜中がしばしば開催時間とされるが、バスク地方のように「荘厳ミサ」の行われる真っ昼間ということもあった。

人数については、まれに数千人、何万人ともいう大人数に上ることがあるとはいえ、直接の証言からは、一般により小さな集団、家族・親族・隣人の「知り合い」の範囲、つまり数十人、せいぜい数百人規模だったことが窺われる。

夜間空中飛行と膏薬作り

もう少し詳しくサバトについて説明してみよう。

悪魔の傘下に入った魔女は、呼び出しがあったら「固め」の儀式のためにサバトに行く、と主人に約束する。それを履行することで忠誠心を見せ、悪魔に誉めてもらうのである。サバトへの移動手段としては、棒や箒に乗って空中飛行する能力が知られている。とにかく家人や隣人が寝静まった夜中に、密かにサバトめざして飛び立っていく、という所作が典型で、これは魔女狩りが本格化した一六〜一七世紀には自明のことであった。

図5-1　サバトへの出発（トマス・エラストス『魔女の力に関する対話』1570年より）

すなわち夜のとばりが下りると、魔女はベッドの傍らの夫を起こさないように注意し、自分の替わりに藁屑・布屑を詰めた人形を寝かせたり、熊手・箒や木切れ、藁や柴の束をおいたりする。あるいは何らかの麻薬を夫の飲み物に混ぜて深く眠らせておく方法もあった。そしてたとえ家の扉が閉まっていても、人知れず、煙突や窓から飛んでゆくのである。

空を飛べるように、魔女たちはその身体（腹や背中、胸

図5-2　魔女の空中飛行(マルタン・ル・フラン『貴婦人の擁護者』15世紀の写本挿絵)

や顔や首、腕や手首など)、ときに棒・二叉(干し草用フォーク)や箒や椅子などの飛行具にも、悪魔からもらった膏薬を塗った。ただし膏薬がない場合もあり、その場合には呪文を唱えた。また飛行具に乗る替わりに動物の姿(鼠や猫・犬)になってサバトへと向かうとか、動物の姿(山羊や馬、雄牛、騾馬、豚、犬、狼、雄鶏)の悪魔に運ばれていく場合もあった。

前章でも取り上げた司教法典では、この夜の飛行は悪魔による詐術・惑わしであり、こうした異教的迷妄を現実に起きると信じること(迷信)が、断罪された。だが一五世紀末以来、多くの悪魔学者そして司法官らは真逆の立場に転じてその現実性を信じたのであり、それはサバトの実在の確信と相即している。

たとえば魔女狩りのバイブルとなった、上述の『魔女への鉄槌』の第二部第三章では、「魔女はいかにして場所を移動するか」について論じられている。著者によると、魔女たちは、実際にその身体ごと物理的に遠隔地まで移動するのだという。神の許しを得た悪霊は、揺籠の子どもを遠くに移して、自分がその子どもと入れ替わったり、またときには罪の重荷を負っていない普通の人をも大気中に運び去って遠隔移動させるのだから、自らの意志で悪魔に身を委ねた者(魔女)が悪霊によって遠隔移動させられても、何の不思議もない……と。ジャン・ボダンはじめ後続の悪魔学者らも、これを「現実のもの」と主張する。

悪魔学者や審問官の中には、魔女の飛行を疑問視する者もいたが、魔女の多くが空を飛ぶと自白しているし、魔女自身が空を飛べると思っているのであれば、それは実際に飛んだのとおなじように有罪の証拠になる……と解釈したのである。

ところで、空中飛行の際に身体に塗る膏薬であるが、悪魔から与えられる——悪魔が魔女と最初に情交したときにプレゼントする——ほか、魔女自身が作ることもあった。それは冥界に繋がる洞窟など秘密の場所で、嫌悪を催す動物らに囲まれて作業したり、またはサバトで宴会料理と一緒に作ったりした。材料としては、腐肉や有毒で幻覚作用のある薬草のほか、殺した嬰児の脂や肝臓、ヘビやカエル、髪の毛や聖体パンや経血、ヤツガシラとコウモリの血、鐘の削り屑、煤、カエルの涎などが指摘されている。

これらの膏薬は身体に塗ることで空中飛行できるほか、動物への変身、および害悪魔術に毒の粉末とともども使われた。

悪魔への臣従とさかさまの宗教儀式

魔女たちが各地からサバトに到着すると、まず最初に悪魔に礼拝を捧げるが、そのために順番待ちの列や輪が出来る。ちなみにここに出来る人の輪は、着飾った貴婦人と貧しい身なりの農婦といったように、身分別に形成されて、現世の社会ヒエラルキーを反映していたのが面白い。

そもそも魔女たちがサバトに赴いて悪魔への臣従儀礼を行うのは、予め悪魔と契約を結んでいたからだった。というのもいったん契約を結んだからにはそれに永続的に拘束され、サバト通いを義務づけられ、サバトに行かないと毎回、罰金を支払わされたからである。

魔女たちは、自分の順番がくると悪魔の前に進み出て彼に忠誠を誓う。悪魔は通常牡山羊姿、ときに犬や黒猫の姿で、巨大な黒い玉座に座っている。その周りでは、僕《しもべ》たる悪霊(デーモン)が忙しげに立ち働いている。御前に至った魔女らは膝を折って礼拝し、「地獄にましますわれらがサタン様……」と挨拶する。

ここから逆転した反儀式が始まる。サバトでの悪魔礼拝は、不快な悪臭を放つ火が灯される中、神から身を背けて、その最悪の被造物を崇めるのであり、まさに偶像崇拝の罪に陥るわけである。魔女は跪《ひざまず》いて祈るだけでなく、仰向けになったり、背中を向けたり、もっとアクロバチックな姿勢を取ることもあった。

悪魔の前で、聖三位一体、聖母マリア、天の王国、洗礼他の秘蹟を否認した魔女は、心底キリスト教と教会を放棄したという証明に、十字架を踏みにじり唾をかけて冒瀆する。ついで新たな悪の王国のメンバーになるべく、聖油と精液を混ぜたもので「洗礼」が行われる。かくてめでたく悪魔教に入信した魔女は、青い炎を上げる黒い蠟燭(ピッチや幼児の臍の緒で作られる)を捧げる。そして封建制の臣従礼の接吻から示唆を受けた悪魔への接吻、すなわちその「後ろの顔」ないし肛門・性器にキスするのである。

この冒頭の忠誠の接吻の後には、あべこべのミサが行われるが、それはカトリック教会の典礼・儀式を嘲笑するパロディーとなっている。すなわちミサの司式者＝悪魔が黒い司祭として、十字架のない黒いカズラ(袖無し上着)をまとい、生命の書である福音書の替わりに、書見台には黒い書物がおいてある。ミサの中心はもちろん聖体拝領であるが、これもことごとく逆さまで、黒い司祭は聖杯に――ブドウ酒に替わる――黒い水を注いだ後、黒い蠟燭に囲まれた黒い祭壇に背を向け、聖体パンの替わりに黒い蕪の輪切りや黒い硬い靴底、あるいは木切れを取り上げる。「聖体」奉挙は、本来は右手であるが左手で行う。そのとき魔女は皆で淫らな聖歌を歌う。悪魔は聖水にするため、地面の穴に小便をする(または馬の小便を使う)。それを司祭は列席者に振り掛ける。

人肉食宴会・狂乱ダンス・乱交

悪魔への臣従の儀式やさかさまの宗教儀式が無事終了すると、宴会、ダンス、乱交、罪の告白……が行われる。これらの行事の順番はサバトによりまちまちである。

宴会というのは、「ご馳走」を囲んだ魔女と悪魔・悪霊たちの大宴会であり、それぞれテーブルに座るが、ここでも身分や富によって席が分かれている。悪魔に近いほうが上席である。食事や飲み物の器も金持ちは銀、貧者はガラスや陶磁器だった。会食者たちは仮面で顔を隠す場合もあるし、隠さない場合もあった。身分別とは矛盾するようだが、もっとも醜い女性が、宴会の女王として選ばれてその場を取り仕切ることもあった。

悪魔の冒瀆的な挨拶で始まる宴会では、「ご馳走」が振る舞われる。その料理は、サバトでその都度大鍋で作る場合もあれば、すでに準備されていたり、魔女たちが家からそれぞれ持ち寄る場合もあるという。具体的レシピとしては、牛や豚、山羊・羊や鶏・兎などの肉、野菜、豆類、栗など人々の日常食のほか、ときに不気味な犬猫・カラスや、亀やカエルなどが供されることもあった。

一見ご馳走に見える場合も、食べてみると味気なく、肉は腐肉で反吐《へど》が出そうだった。飲み物は黒く腐った血のような液体か、さもなければサタンの小便である。不死の象徴たるキリストの身体を思わせるパンと腐敗防止の塩がないことが、悪魔の食卓を象徴している。当然、宴会後もお腹はくちくならない。

サバトでの食としてよく知られているのが「人肉食」であろう。絞首刑になった遺体、掘り出した遺体、洗礼を受けない嬰児、または魔女の死児が食卓に上る。嬰児の遺体は、大釜で煮たり焼いたりして、骨から肉をすっかり剝がして食べるのだ。こうした人肉食は当初のサバトでは必須ではなかったが、後期のサバトになると明白な構成要素となる。

宴会の後はダンスである(順番は逆のこともある)。魔女たちは通常顔をリネンの布などの仮面で覆い、各人の指導役の悪霊の指図で後ろ向きになり、背を反り手を繋いで輪になる。そして狂信者のごとく頭を振り上げながら踊り始める。この輪舞は不吉な方向、左回りである。ダンスには悪魔たちも山羊や羊の姿で加わる。ときにヒキガエルも一緒だ。踊り手は手に火の付いた蠟燭を持っていることもある。木の枝に座った楽師が演奏する太鼓や横笛・バグパイプのうるさい伴奏が、ダンスを盛り上げる。

魔女裁判官にして悪魔学者のニコラ・レミが伝えるところでは、楽しいはずのダンスも、サバトで行われるものは大いなる嫌悪と苦痛をもたらし、疲労困憊して家に帰ると二日間ずっと寝ていないとならないほどだという。しかし体調がどうあろうといくら高齢だろうとも、悪魔はダンスを強要し、反抗すると鞭打ちあるいは殴打・足蹴が待っていた。

ところで前述のように、サバトで現行犯逮捕された魔女はいない、というのだが、しかしサバトの現実世界との関わり、その現実性を高めたのが、まさにこのダンスであった。なぜならダンスをしにどこそこへ行ったというのは、民衆らにはごく普通の娯楽であるので、魔女の嫌疑を掛けられた人たちにあえて嘘を言わせる必要もなく、容易に白状させられたからだ。司法エリートにとってはそのダンスの場所こそが「サバト」だと決めつければよいのである。村人の娯楽としてのダンスではなく、サバトの行事の一環としてのダンスと解釈し直すのである。さらにエリートにとっては、このダンスは、ディアーナやバッカスの信徒による異教の偶像崇拝とも解釈可能だった。

宴会とダンスの後に——冒頭の悪魔への崇拝の直後のこともあるが——クライマックスとして、列席者たちは大人も子どもも入り乱れて乱交する。息子が母親と、父が娘と、弟が姉と交わる。男女の性行為以外にソドミーもあって、身体のあらゆる穴が使われる。もちろん悪魔・悪霊もこれに加わり、そのとき彼らは男女どちらの役割をも果たすことができる。悪魔のペニスは木のように硬くまた氷のように冷たい。そしてほとんどの魔女は性欲を満たされるよりも、性交を苦痛と感じる。それはお産のような苦しみであり、胃の中が燃えているようで、何の快楽もない、と悪魔との性交について自白する魔女もいた。しかしこの悪魔との性交は、「契約」に含まれる一種の義務と捉えられていた。

サバトの最後は、各魔女と悪魔との個人的接触である。カトリックの告白とおなじような仕

図 5-3　トリーアの魔女のダンス会場(1593 年の刷り物)

草だが、そこでは罪を悔い改めるのでなく、(前回から今回の間に、何人殺したとか、どれほど農作物に害を与えたとか、教会を冒瀆したとか)手柄となる罪を語り、さらに今後の悪事の予定を話すのであり、それに応じて報償、激励、罰——たとえば成果がないとさんざん鞭打たれる——を悪魔から受ける。そして帰宅前には悪魔から妖術用の膏薬や他の毒の粉末を受け取る。この儀式が楽しく悦びに満ちていたかのように、帰りには悪魔に感謝の辞を述べて去らねばならない。

　サバトの冒頭行事の、サタン礼拝を待っている間の人々の輪や、宴会の席次などに世俗の身分秩序が反映されると述べたが、世俗や教会の身分秩序を逆転した位階秩序もあることに注目したい。それは、男女の関係においてである。サバトでは多くの場合、男たちは少数でグループを形成せず、孤立していた。サバトにおける男の代表は、悪魔（サタン）とその属僚の悪霊たちなのであり、人間の男たちは女の陰に隠れ、影が薄かった。

＊

真夜中から時間が経ち、東雲《しののめ》の光が見え始めるとサタンは恐れをなし、サバトは終了する。それ以外でも、教会の鐘が鳴ったり、誰かがイエス・キリストの名前を唱えたりした途端、サバトは雲散霧消する。一場の幻想劇たるサバトの終演とともに、魔女は自宅へと飛行して――あるいは歩いて――帰っていく。

翌日、誰かがサバトが開催されていたと思われる場所に行ってみても、痕跡はまったくない。それはサバトが幻影であったからではなく、悪魔・悪霊らが、すべての物質的痕跡を消し去ってしまうからだと、司法官らは解釈した。

絵画と印刷文化によるイメージ拡散

魔女の知識が一般に広まるにはいくつものルートがあり、そのひとつとして悪魔学の普及を論じた所で触れた出版文化があった。こうした魔女文学の出版と関連して、それらの文学をもとにした図像が、併せて知識普及に貢献したことにも注目せねばならない。

それは魔女文学の挿絵という場合もあれば、独立の一枚刷りの版画、パンフレット、ブロードシート(ポスター)、ビラやちらしという場合もあった。それらは絵画や写本よりずっと安価だし、多部数印刷されて魔女イメージを直観的に分かるよう広めるのに役立った。魔女関連図像はドイツを中心に一五世紀末からふえ、一六世紀末までつづく。それはまた、芸術家・印刷業者の新たな商売の道具ともなった。

写本や絵画も、版画・印刷物に比べれば一般人の目に触れることはさほど多くなかったろうが、版画・印刷物のモデルとしての役割はあったし、同一画家が絵画ばかりか版画をも制作し、印刷術で広まっていったケースが多いから、以下では両者併せて考えていこう。

魔女関連テーマにまず先鞭を着けたのは、南ドイツとスイスの画家・版画家であった。すなわちアルブレヒト・デューラー、アルブレヒト・アルトドルファー、ハンス・バルドゥング・グリーン、ハンス・ショイフェライン、ニクラウス・マヌエル・ドイッチュ、ウルス・グラーフ、ルーカス・クラーナハらである。ついで一六世紀のネーデルラントにも同テーマが広がったが、有名なピーテル・ブリューゲル(父)のほかに、アントウェルペンのマニエリスム画家マルティン・デ・ヴォス、それを版画で複製したクリスペイン・ファン・デ・パッセ、またフランス・フランケン(子)、ダフィット・テニールス(子)、ヤーコブ・デ・ヘイン二世などがいた。

なお悪魔学書の印刷本の挿絵に協力した逸名の版画家たちの存在も無視できない。悪魔学がその類似・重複・模倣で言葉を重ね列ねることでヨーロッパじゅうどこでもほぼ同一内容になっていったように、図像イメージにおいても、引用・模倣が相当目立っている。とくに本章の主題である「サバト」とそこでの魔女の悪辣な行為を描いた図像のインパクトは大きかった。本章冒頭で言及したマルタン・ル・フランの『貴婦人の擁護者』の写本のひとつには、箒や棒に乗ってサバトへと飛んでいく魔女の早期(一四四〇年代)の図像があるし、ウルリヒ・モリトールの『魔女と女予言者について』の挿絵のひとつにも、動物に変身して二叉に跨ったり狼の背に乗ったりしてサバトに向かう魔女が描かれている。

次に著名な図像を見てゆくと、まずデューラーが描いた一五〇〇年頃の銅版画がある(本章扉)。これは逞しい魔女が、髪を振り乱して糸巻き棒を股に挟み、牡山羊の姿をした悪魔の背に逆向きに跨って霰を伴った嵐を飛び抜けている図である。古典古代の諷刺文学に刺激を受けたデューラーが、美しきアフロディテを反転させたイメージを呈示したとも考えられている。なお彼はこの作品以前に一四九七年の銅版画で、「四人の魔女」を豊満で妖艶な四人の裸婦として描き出している。

デューラーの弟子の一人ハンス・バルドゥング・グリーンはサバトに関する絵画・版画の代表的作者であり、サバトでの淫乱で邪な魔女たちの行為をいくつも活写した。

彼の一五一〇年の作品（木版画、図5-4）は、サバトを図像で表現した最初のものと言われ、その後の魔女とサバトの描き方に甚大な影響を与えた。不気味な夜の森の中、魔女たちがその裸体を観者に晒している。上方には、山羊に跨った空飛ぶ魔女がいる。地上の魔女らは、有毒蒸気を噴出させる壺の周りを囲み、何やら儀式――天候魔術だろうか――をしている。そこには鳥料理を載せた皿や、壺、ブラシ、凸面鏡、毛の束、馬の頭蓋骨がある。左端にはソーセージが飛行用の二叉にぶら下がっているが、食用というより男根の代用だろう。

図5-4　「魔女たち」（ハンス・バルドゥング・グリーンによる版画，1510年）

グリーンは、一五一四〜一五年にも四枚の魔女図を描いている。これらも皆、裸体の魔女で、アクロバチックに体をよじらせる魔女、蒸気を噴出する壺を捧げる魔女、空中飛行のため股間に膏薬を塗る魔女、盛り沢山のソーセージが架けられている二叉を股間で挟む二人の魔女、龍のような姿の悪魔に尻を向け汚物状のものを排出する魔女など、エロチックでグロテスクそしてスカトロジカルである。さらにグリーンは、一五二三年に美しい姿態の「天候魔女」二人の油彩画を制作した。

デューラーに影響を受けたもう一人の南ドイツの画家アルブレヒト・アルトドルファーは、一五〇六年に「魔女のサバト」を描いた。二叉や箒を持って山羊の姿をした悪魔に乗ってサバトに飛んでゆく魔女たちのシーンだ。アルトドルファーはグリーンとおなじく、デューラーから魔女たちのエロチックなイメージを引き継いだ。なおウルス・グラーフにもグリーンの魔女画の模写がある。

ネーデルラントに目を転ずると、フランス・フランケン(子)には一六〇七年作の「魔女のサバト」があり、そこには魔女と悪霊の諸活動が豊かに描き込まれている。サバトへ出発せんとする魔女を描いたダフィット・テニールス(子)や、サバトでの怪物のダンスを描いたダフィット・リケールト三世の油彩画にも注目する必要がある。

ネーデルラントでもう一人重要なのが、「魔女のサバトへの出発準備」など魔女やサバトのデッサンと版画を相当数残したヤーコブ・デ・ヘイン二世である。彼の画業(版画や絵画)のもっとも際立った特徴は、自然主義的イメージ(昆虫や植物の細密描写)と超自然的な現象とくに魔女の表現の間で、揺れ動いている点である(図5-5)。

他にも魔女関連の本の挿絵イラストとして、多くのサバト像が描かれ印刷されて広まってい

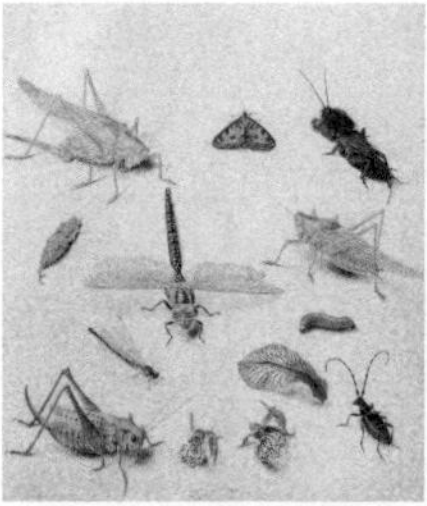

図5-5　右：「魔女のサバトへの出発準備」(ヤーコブ・デ・ヘイン2世による版画，1610年頃)　左：昆虫図(同画，1600年)

った。目立つものとして、ヨハン・ガイラー・フォン・カイザースベルクの『蟻』(一五一七年)に付された逸名氏によるサバトのイラストでは、椅子に乗って移動するユニークな魔女が描かれている。また前章で述べたピエール・ド・ランクルの『悪しき天使と悪霊の無節操一覧』には、ポーランドの芸術家ヤン・ジアルンコがサバトの総合図というべきものを描いている(図5-6)。玉座に座る山羊姿の悪魔をはじめ、あらゆる場面が造型され、それらが文字での解説に対応している。一六〇八年に出版され一六二六年にミラノで再版されたグアッツォの『魔女要覧』では、三三の図像のうち一二はサバトをテーマとし、樹上でのヴァイオリン演奏を伴奏に踊るダンス、宴会、調理され食される幼児など、まさにサバトの狂態の総集になっている。

ドイツやネーデルラントの北方ルネサンスの画家たちが盛んに描いた魔女とサバト。彼らは依頼に応じて、または市場での売れ行きを期待して、それらを画題にしたのだろうが、

図 5-6　魔女のサバト(ヤン・ジアルンコ画，ピエール・ド・ランクル著『悪しき天使と悪霊の無節操一覧』1613 年版より)

それは必ずしも彼らが魔女の妖術やサバトを心底信じていたことを意味しまい。むしろ彼らは「想像力」の問題に並々ならぬ興味を覚えて、それを画家としていかに操るかを試すのに恰好のチャンスだと信じて、画題としての魔女・サバトに食指が動いたのではないだろうか。悪魔が人間の心に幻覚像を生み出すのは不思議な作用だが、彼ら画家・版画家たちは、そうした心的な像をさらに画布・印刷紙に定着させる、イメージのイメージを描く、想像力＝創造力が自分たちにはあると自負していたのだろう。

だから彼ら北方ルネサンスの画家たちに魔女狩りを拡大させる意図はなか

ったかもしれないが、結果的に魔女イメージを明確化・ステレオタイプ化させ、一般への普及に寄与した点は否めない。

第6章

女ならざる“魔女”

魔女とジェンダー

男の“魔女”＝妖術師
（ハンス・フィントラー『徳の華』15世紀末の写本挿絵）

「魔女」は、どのヨーロッパ言語でも女性(フランス語 sorcière、英語 witch、ドイツ語 Hexe、イタリア語 strega、スペイン語 bruja)を示しており、実際魔女裁判に掛けられた被告全体のうち八割が女性だった。とはいえ地域によって差があり、男性もそれなりに多数に上るケースがあったことに近年では注目が集まっている。女性の魔女と男性の〝魔女〟とはその性格や扱いがどう異なるのか、男性の割合が多いのは、どんな条件・状況のときなのか、それらを考えてみよう。

男の〝魔女〟＝妖術師

前章では、魔女の共犯者は「サバト」参加を証拠として摘発されたと述べたが、サバトには、夫に内緒で出掛ける妻だけでなく、夫を無理矢理誘って連れて行く妻もいたので、当然男も〝魔女〟(魔男、妖術師)になった。

とりわけ男が多かった地域もある。北欧と東欧がまず目を引く。アイスランドの魔女は九割以上が男性で、エストニアは男性が六〜七割、フィンランドでも男女はほぼ同数、ほかにロシアも六割以上の魔女が男性だった。

フランスや神聖ローマ帝国域内でも——大規模な魔女狩りで知られる所では男性〝魔女〟は

一八〜二五%の範囲にほぼ収まるようだが――、一部、男性が多数を占める地域があった。トリーア選帝侯領では犠牲者の三分の一が男性、上オーストリア、ザルツブルクやケルンテンなどでは大半の魔女が男であり、ほかにブルゴーニュでは六〇%、ノルマンディーでは七三%を男が占めた。一四三〇〜一五三〇年に行われたスイス西部のヴォー地方の魔女裁判では、被告の三分の二が男だった。なお男の〝魔女〟にも五〇代とか六〇代の年配者が多数を占めた。

ロシア、アイスランド、フィンランド、エストニアでは、男たちが村の呪術使い、一種のシャーマンとして霊と交流し、さまざまな呪術や病気治癒を行う伝統があり、それが魔女の男性化に結びついたのだと考えられる。これらの地域はヨーロッパの「辺境」にありキリスト教の普及が遅れたため、中央権力が国家形成と併せて正統信仰を一気に進展させようとして、呪術師たる男性が〝魔女〟にされたのだろう。

他の地域でも〝魔女〟とされた男性は、日々動物に接して呪術に詳しい羊飼い・蹄鉄工、あるいは粉挽き業者、また民間療法士、呪術に通じた農民、放浪者や乞食など、一言でまとめればマルジノー(境界人)であった。一般の善き住民とマルジノーを峻別する「社会的規律化」(第7章で詳説)の動向も彼らの魔女化動向に関わろう。

だがドイツやフランスの犠牲者にはマルジノー以外に聖職者もかなりおり、彼らが信徒共同体と仲違いすると、たちまち〝魔女〟と糾弾される危険があった。またブルジョワや貴顕に属する者、たとえば大学の学部長、法学博士、都市参事会員、裁判官、軍の指揮官、医師、富裕商人などもときに血祭りに上げられた。

こうした社会的地位もある男性が〝魔女〟にされる第一のケースは、不正な蓄財をしたり、隣人の妻と不義密通を重ねたり、妻に殴られ罵られたり、飲酒や借金で家庭を壊したりと、社会全体の優良な秩序を壊し家長の役目を果たせない、情けない男と見なされた場合である。

男性の割合が多くなる第二の状況は、魔女狩り初期に、魔女迫害が異端追及と密接に結びつけられたときである。アメリカの魔女研究者ウィリアム・モンターが示した例はジュラ地方での一五世紀の迫害であり、これはワルド派異端討伐と絡んで発生し、そのとき女性より男性が多く告発された。異端セクトでは概して男性の活動が目立ち、その関連で新しい異端＝魔女も男性主導と疑われたのだろう。

そして第三の状況は、魔女狩りが制御のきかないものになって連鎖反応式に密告・告発がつづく場合である。皆が集団ヒステリー状態に陥り、男であれ高い身分であれ、闇雲に知人の名前を共犯者として挙げていった結果である。

さらに魔女裁判が政治的自律性や主導権争いの道具として使われることがある。ドイツの魔女委員会にそうした性格が濃厚だったことは既述したが、たとえばほかに、一四八〇年前後のスイスのヴァァレー州での大迫害——アニヴィエ渓谷のみで一〇〇人ほどが告訴された——をもたらした裁判には、公権力に対抗しようとする渓谷地帯の住民たちの動きを打ち砕くため、代表の公証人親子を排除するという政治目標があった。またロレーヌ公シャルル四世による一六二四年と一六三一年の魔女迫害は、政敵を排除するために公自身のイニシアチブで行われた。同様に、一七世紀のハンガリーで二人のトランシルヴァニア諸侯が起こした魔女裁判にも、彼らが敵対する貴族たちを陥れようとする狙いがあった。派閥争いが魔女妄想と一体化して魔女狩りが始まるとき、多くの男が巻き込まれるのである。

全体として男の〝魔女〟が多出するのは、後期の魔女迫害においてだった。ヴォルフガング・ベーリンガーによる南東ドイツの魔女裁判研究では、末期の一六八〇〜一七三〇年になると、老女の釈放と若い男性〝魔女〟(妖術師)の処刑の数が、それぞれ多くなるという。それは悪霊と結託した宝探し人裁判が多発し、魔女裁判と混交したためでもある。またそもそも男性の〝魔女〟が多かった北欧やロシアでは、西欧より遅れて魔女迫害が始まったし、都市や地域での政治的主導権をめぐる魔女裁判、告発連鎖で大迫害に展開する魔女裁判も、後期のものだった。

魔術師の肯定的評価とメランコリー

男の〝魔女〟は無視できないとはいえ、それでも相対的には男性が少ない理由のひとつに魔術の多義性がある。おなじ魔術でも、悪魔的な魔術(妖術/黒魔術)ではない、自然魔術/白魔術の実践者が、古代からルネサンス期に至るまで、主に男性だったのだ。それは、動植物・鉱物・大気など自然の要素に特別に働き掛けて、人間や社会に役立つ現象を引き起こす術だ。すなわち夢占い・星占い・鳥占いなどで未来を予見し、まじないにより死者の魂を呼び寄せ、あるいは病気や狂気を癒やしたり悪天候を改善させたりしたのである。魔術師はデーモンの助けも借りるが、デーモンは必ずしも悪霊ではない。

初期中世には、ゲルマン人、スカンディナヴィア人らの間で、呪具や護符を身に着けた呪術師が活躍した。彼らの呪術は神の奇跡とは一線を画するにせよ、当初、キリスト教と背馳するとは考えられずに、教会によって黙認されていた。

ところが盛期中世になると、教会はそれらの呪術を異教的迷信として厳しく断罪するようになり、とくに降霊術などの儀礼魔術師は、教皇ヨハネス二二世により異端宣告された。しかしそれにもかかわらず、自然魔術はギリシャ・ローマやアラブ世界の科学とも融合し、ひいては高等魔術として哲学者の領分にさえなったことを見落としてはならない。それは錬金術・占星術・夢占いなどであり、王侯や教皇の宮廷にその達人(大学のエリート、聖職者、学識ある俗人)が雇われて、やがて起きるだろう重要事件、戦争の帰趨や災害の勃発、支配者の死、個人の運勢などを占い予言した。

イタリア・ルネサンスの時代になると、自然魔術はヘルメス主義や新プラトン主義の展開と歩調を合わせて知識人の間に大流行し、儀礼魔術、星辰魔術の書物が数多く世に現れた。マルシリオ・フィチーノとピコ・デッラ・ミランドラが一五世紀のフィレンツェで、ジャンバッティスタ・デッラ・ポルタが一六世紀のナポリで考察したオカルト哲学は、イタリアばかりでなく北方にも伝わり、アグリッパやパラケルススが新たに発展させた。

図 6-1　錬金術工房(ヨハン・ミリウス『医化学論集』1618 年より)

自然魔術・オカルティズムは、実践者が悪魔・悪霊との関係を断つ覚悟を示したため、教会は必ずしも魔女の妖術と十把一絡げに断罪せずに見逃すことも多かったのである。それは、ギリシャ・ローマ伝来の知識にもとづいた科学的な技法だからという理由のほか、フィチーノらがそれをキリスト教と統合したシステムとして考察しようとした結果でもあろう。加えてこうした魔術は、サバトに集まる魔女たちによる集団的な悪行ではなく、個人としての知的・技術的達成だったことも幸いしたかもしれない。

ところで近世ヨーロッパのエリートら、たとえばヨハン・ヴァイヤーやレジナルド・スコットによって、魔女とはメランコリーに冒された老女である、と説明されることがあった(第8章参照)。すなわち四体液説によると、メランコリー患者の汚れた黒胆汁が想像力を堕落させて狂った妄想に陥らせ、悪魔の餌食になりやすくするのであり、メランコリーは誰よりも閉経した老女が罹る「病」なのである。

しかしおなじメランコリーであっても、男性に関しては肯定的に評価されることがあった。フィチーノがアリストテレスの『問題集』に拠りながら説いたのは、最高の惑星たる土星と密接に結びつく体液=黒胆汁は、天啓を授かった知的・瞑想的にして創造的な人物、一言でいえば天才のものだという考えであり、こうした考え方は、一六世紀半ばくらいまでドイツ中心にヨーロッパじゅうで影響力を揮った(その後悪しき意味に戻る)。

この男性の善いメランコリーと女性の悪いメランコリーの差が、女性の肉体を毒の塊に見せ、他方男性の肉体を汚れから救って、彼らが〝魔女〟になるのを妨げる要因のひとつになったのだ。

世代間闘争が魔女狩りを生み出す

すでに第1章で説明したように、大半の魔女が五〇歳以上の女性で、当時としては最老齢グループであった。典型的魔女とされた女性はさらに年がいっていた。そもそも「老婆」が標的になる事実ひとつを取り上げても、魔女狩りには世代間の確執が隠れていると推測できる。戦乱や疫病で人がバタバタと斃れ、土地が荒廃し、農業や他の産業も停滞して、経済成長や回復が待ったなしという地域では、若い労働人口をふやすことも大切だったので、魔女狩りは、子どもを産める年代の女性を避けていた面があった。若い女性は、逮捕されたとしても尋問で疑惑を裏付ける自白が得られないと、しばしば拷問もされずに釈放されたのである。

魔女狩りの「世代間闘争」という側面は、さらに男性の〝魔女〟を考慮に入れると、より明瞭になる。W・ルンメルが調査研究したモーゼル川下流からフンスリュック山地の地域にかけてのトリーア選帝侯領およびシュポンハイム伯領の魔女狩りでは、裁判を舞台に世代間争いが繰り広げられた。たとえば一六二〇年代末から五〇年代末にかけてヴィニンゲンとカステラウンで活動した魔女委員会構成員および他の証言者は二〇代～四〇代、一方被告は五〇代～七〇代で世代が分かれた。実際それは、租税負担・農場支配・地位役職などの面で不満を持つ若者たちが年配者に逆襲する機会を提供したのである。またモーゼル川沿いの小都市コッヘムで一五九四年に行われた魔女裁判は、ワイン醸造業ツンフトに携わる若い世代の市民が、富裕な年配者に壟断された市参事会を変革しようと、市参事会員の妻を魔女として告発し委員会を作ったことから始まった。

これらの例に限らず、当時のヨーロッパではどこでも、町や村の参審人、裁判所書記、ギルドの要職などをめぐって世代間争いがあり、年配者が若者の資質や経験のなさを侮り見くびって要職に就けさせず、一方それが納得できない若者たちが魔女委員会を構成して復讐するという構図が出来ていた。しかも当事者だけでなく、しばしば両派の妻、兄弟姉妹を巻き込みながらの争いになったのである。

裁かれる子どもたち・告発する子どもたち

第4章で述べたように、魔女の妖術は「例外犯罪」ゆえ子どもの証言も採用されたが、子ども自身を裁き、拷問し、処刑するケースは当初はなかった。ところが一六三〇年代から一七世紀末には、とくにドイツで、子ども(一般に一四歳まで。女子を一二歳以下としたり、男女とも一八歳未満とする考え方もあった)さえ、魔女として告発・処刑される例がふえていったのである。嫌疑は悪魔との契約やサバト参加のみでなく、両親を毒薬で殺そうとしたとか、悪魔との性交渉や不道徳な露出症などで、犠牲になったのは貧しい職人家庭の子ども、学童・乞食、徒弟見習いや下働きが多かった。

いくつか例示しよう。南ドイツのマイン川沿いの都市ヴュルツブルクでは、一六二七〜二九年に処刑された一六〇〇人の魔女のうち二五%以上(四一人)が子どもだった。一六五一年にシュレージエンのナイセで行われた魔女狩りでは、合計二一一人の一五歳以下の子どもの処刑が判明しており、そのうち一四人は六歳以下だった。一七世紀のヴュルテンベルク公国の二七八人の魔女裁判被告のうち、三九人が一七歳以下だった。ザルツブルクの「魔法使いヤックル」(Zauberer-Jackl)の迫害(一六七五〜七九年)では九二人の子ども・若者が犠牲になり、バイエルンの後期魔女裁判(一七二〇年、一七五四年、一七五六年)でも、犠牲者の大半が子どもと若者だった。帝国自由都市のアウクスブルクでも、一六一八〜一七三〇年の魔女裁判で四五人の子どもが被告となり、これは全体の五〇％に当たる。

ドイツ以外で目立つものを挙げてみれば、エノー(スペイン領ネーデルラント)では一六一〇〜二〇年に小さなブシャン城主領で魔女として告発された一六三人のうち三四人が子どもで、そのうち一八人が死刑になった。スウェーデンのストックホルム北西、ダーラナ地方のモーラでの一六六八年春から一六七一年一月の魔女狩りでは、二一〇人の大人と六九人の子どもが処刑され、そこから一六七六年にかけて「魔児」狩りはさらに広い地域に展開していった。

主要な悪魔学者ら(ニコラ・レミ、アンリ・ボゲ、ペーター・ビンスフェルト)は、すでに早くから子どもの処刑を支持していた。理屈としては、もし子どもらの証言が正しいとするなら、彼らも実際にサバトに行き、悪魔の肛門に接吻し、使い魔のカエルをもらったはずだ。いったん悪魔教に入信した子は一生解放されず、やがて本格的な魔女になる。子どもであれ神を否認して は駄目で、そうしない努力をすべきだった。彼らは見かけによらずずる賢くて嘘をつく。以上

図6-2　子どもの魔女（グアッツォ『魔女要覧』1608年より）

の論理的帰結として、子どもであっても断罪されるべきで、服を脱がして鞭打つだけでは十分ではない。無知と年齢を理由にせず、公共の安寧秩序のために彼らをも裁いて処刑すべきだ……ということになる。

さらに子どもたちが親から妖術を学び、また遺伝で妖力を得たと信じられたことも、子どもへの厳しい扱いに繫がっただろう。元来「悪魔との契約」の要件には、自由意志での同意が必要なので、まだ分別のつく年齢になっていない子どもは告発されない原則だった。ところが魔女狩り最盛期になると、その原則は崩れていった。どうせやがて魔女になるのなら、親や祖父母世代と一緒に子どもも根絶やしにしておこうと、一七世紀後半から一八世紀の魔女狩り末期に子どもたちが大量に告発対象になったのだ。

魔女狩り時代の後半になると、子どもは「魔児」として捕まり刑を受けるだけでなく、それ以上に、告発者となったことが重要である。第3章「ヴォージュ山地のある村で」で孫娘のマンジェットの告発から家族が全滅していくさまを見たが、同様なケースはいくらでもあっただろう。

子どもは豊かな想像力で魔女妄想を膨らましていきがちだった。たとえば一六〇九〜一四年スペインのナバラ地方での魔女迫害に関連して、世俗裁判所の裁判の進め方に疑問を抱いたラ・スプレーマ(異端審問最高会議)は、調査のため異端審問官アロンソ・デ・サラサール・フリアスらを派遣した。その調査で、罰しないという約束の下で自由に証言させたところ一八〇二人が自白したが、そのうち一三八四人が子どもだった。

祖母と一緒にサバトに行った、そこでダンスをしている誰それを見たなどと証言して、大規模な魔女狩りを作動させてしまう子どもの例としては、一五八五年のトリーア選帝侯領、一五八九年シュヴァープミュンヘン、一六一一年エルヴァンゲン、一六二五年アウクスブルク、一六二八年ヴュルツブルクなどがあった。またアメリカ大陸のマサチューセッツ州のセイラムでの有名な魔女狩り(一六九二〜九三年)でも、憑依した少女らによる評判の悪い老婆らの告発がきっかけで始まり、やがて上流階級の地主、牧師、裁判官、富裕商人などまで、総計二〇〇人以上が告発され一九人が絞首された。

告発者としての子ども、ということでは、「魔女発見人」に子どもが多かった事実も看過できない。一五二七年ナバラ地方で、九歳と一一歳の二人の娘が、魔女の左目の下にヒキガエルの印を見つける才能で重用されたのが最初で、その後一六世紀末から一七世紀にかけて、きわめて多くの子ども「魔女発見人」が各地に現れた。スペインのほか、フランス南西部のベアルン、ドイツ、イングランド、スコットランド、スウェーデンで彼らは活躍したが、その多くは羊飼いとか職人の徒弟、捨て子、孤児など、マージナルな境涯の子であった。

家族現象としての魔女

魔女の母に連れられてサバトに行った子どもは共犯として処断され、また子どもはしばしば両親、そしてとくに祖母を告発する。これらは魔女犯罪と「家族」との密接な結びつきを推測させる。そもそも裁判官や悪魔学者は魔女が「遺伝」すると考え、だから親が魔女であれば子どもも罪を免れず、一家まとめて火刑台送りにしようと目論んだのだ。

魔女の性質は血統として血族に伝達されると信じた司法官にとっては、ある女が魔女として告発され有罪とされたとき、彼女が魔女の「家系」の出かどうかの確認が非常に重要になった。とくに母‐娘の組み合わせが要注意だった。ジャン・ボダンは裁判所に対して、可能な限り先祖を遡って、どこかに魔女がいないか、あるいは親族に魔女がいないか探査するよう忠告している。

ライン・モーゼル河畔地域では、何度かの大迫害の結果、もうほとんど魔女がいなくなってからでも、しばらくするとその近隣で再び魔女が摘発されたが、それはたいていの場合、すでに処刑された魔女の子どもか親類だった。またメッス郊外のウォアピでは、一五一九年に貧しい農婦が八人の酔漢に虐待された上にメッスの裁判所に告発されて穴蔵に放り込まれたが、その唯一の嫌疑は、三〇年ほど前に彼女の母親が魔女として火刑に処されたという事実だった。

もうひとつ、遺伝・血縁ではなく、養育によって子どもが魔女の性質を受け取る、との考えもあった。アンリ・ボゲやピエール・ド・ランクルはそう考えたが、実の親でなくても、子どもは親のおだてに乗り、親を真似る傾向にあるから、魔女の養父母に育てられた子どもも要注意だとされたのである。さらに霊的な父母つまり代父・代母——とりわけ後者——からの影響も顧慮の対象になった。

より一般的には、サバトに赴いた魔女は悪魔から「信者獲得」を厳命されると、子どものほうが籠絡しやすいからと、近親の子どもを標的にする傾向があった。あれやこれやで、悪魔学者にとっては、子どもたちは魔女の潜在的貯蔵庫だったのだ。

子どもが魔女信仰に興味を抱き、イマジネーションを刺激され、自分の親や祖父母まで告発してしまうのはなぜなのか、考え進めるとプロテスタント・カトリック圏双方における「社会的規律化」と「文化変容」の過程に想到する(次章で説明)。宗教改革および対抗宗教改革の結果、宗派のいかんを問わず、信徒たちの間での迷信の撲滅、信仰の内面化と罪悪感の醸成が進み、家庭内の家族の言動が監視・矯正対象になったのである。

これは子どもへの宗教教育熱の高まりをもたらし、家庭での教育のほか、小教区学校、イエズス会学校、孤児院などでの教理問答で厳格な道徳教育が実施された。そして純粋な子どもたちは、大人以上にキリスト教と教会への忠誠心を胸に沁み込ませ、道徳心を高揚させて自責の念に苦しむとともに、道徳から違背する両親・祖父母の言動が彼らの小さな目に余るようになったのだろう。彼らが「僕らは熊や山羊に乗ってサバトに行きました」、「両親や祖父母がサバトで踊っているのを見ました」と、強要されもしないのに証言・誣告《ぶこく》するのはそのためだ。子どもたちが、裁判官も驚くほど詳細で赤裸々な悪霊との性交渉の模様を「自白」しているのは、当時の子どもに対する宗教教育が、性にまつわる罪悪感をいかに深く植え付けたかを物語っている。

このような潔癖で過敏な子どもが多数作り出されたゆえに、魔女迫害最盛期以降、魔女の告発は、折り合いの悪い隣人からだけでなく、家族間で行われるケースが非常に多くなったのだ。両親・祖父母を子どもが告発し、あるいは母娘が互いに、さらに兄弟姉妹の間柄で告発し合う。第3章で紹介したヴォージュ山地のブルオモン村もそうだが、たとえばほかに、一六三〇年アルザスにおけるカトリック再征服の牙城となったモルスハイムでの魔女狩りでは、自分の子の有罪を進んで認め投獄・処刑に協力した幾組もの夫婦がいた。また一五八二年イングランドのチェルムズフォードで裁かれた一四人の女性のうち最初に裁かれた産婆・子守女のウルスラ・ケンペは、自分の八歳の息子によって魔女だと証言され、もう一人のシスリー・セルズは、自分の二人の息子(九歳とその下の弟)に(母が)「黒い皿にミルクを入れて使い魔を養うのを見た」などと告発された。この家庭は父が母を、母が子どもを虐待していた事実も判明している。

子どもを抱える寡婦は、賃仕事で疲弊してもなお窮乏し、しばしば子どもに辛く当たり、母子の間に恨み・怨念が芽生えた。また当時の子どもたちは実の親と生活するとは限らず、親戚との同居や、里子として里親家族との同居も多かった。こうした実の両親以外の大人との家庭では、子どもは肉体的ではないにせよ、精神的な虐待を受けたり、疎外感を味わう機会が少なからずあっただろう。そのようなよそよそしい雰囲気の中で、子どもが養父母を魔女と告発をする可能性はいつでもあった。

同様に、家の同居人ということでは、女中・下女が主人夫婦により魔女にされたり、その反対に、解雇された女中が恨みから主人や奥方を告発するケースも多かった。また徒弟・見習いと親方・主人との間の緊張・裁き合いもあった。

ほかによくあるのは、義理の子どもが継母に当たる女性を告発する、というケースである。継母と喧嘩して脅されて体調を崩し寝込んだとか、継母が用意した食事で病気になったり麻痺を起こしたりしたなどと、継子は継母を魔女としてたびたび告発した。これには亡夫の兄弟はじめ親族が介入することもあり、その場合は、母子・家族関係のひび割れが、経済問題とりわけ遺産相続問題と絡んでいた。

「家族現象としての魔女」ということでは、子どもと親世代の関係の崩れだけでなく、夫婦間の問題もしばしば浮上する。ヨーロッパ中近世においては、教会法でも市民法でも、完全に例外的な条件が整わなければ正式な離婚はできなかったが、子宝に恵まれない、家庭内暴力、アルコール依存、長患い、老耄、同性愛、不倫など、不和の原因はいくらでも転がっていた。そんなとき、離婚するために——主に夫が妻を——魔女と告発したのだ。

第7章

「狂乱」はなぜ生じたのか

魔女狩りの原因と背景

「魔女の特性」
（ハンス・ショイフェライン画，ウルリヒ・テングラー著『新・平信徒心得書』1511年より）

ここまで、魔女の定義、魔女裁判の具体的展開、魔女狩りの思想的レールを敷いた神学者や悪魔学者、サバトのイメージ形成、そして女性以外の〝魔女〟について見てきた。だが魔女狩りがなぜ起きたのか、その原因をより深く探るためには、当時の政治・経済・社会・文化・宗教状況を広く見渡してみなければなるまい。以下、これまでの章の議論も振り返りながら、この点について検討していこう。

悪天候・疫病・戦争

魔女狩りが横行する背景としては、何らかの災いが蔓延して人々に不安心理が広がる状況が当然考えられよう。

第一に、気候不順が挙げられる。気候が悪化すると農作物に被害が及び、飢饉が起きる。栄養不足で弱った身体に病気が襲い掛かり、食物不足はインフレをも加速させる。こうした生活全体を脅かす状況は人々を疑心暗鬼にし、その災厄の原因を普通の自然要因ではない超自然的現象、つまり魔女の妖術に帰すことになったのだろう。

ヨーロッパで魔女狩りが全般的に荒れ狂った一五六〇～一六三〇年は「小氷期」と呼ばれる

にふさわしい寒冷多湿の夏と長期にわたる厳しい冬が繰り返し、それが何年もつづいた。いったん回復したものの、一六六〇〜七〇年代には同様な気候が再来した。実際、第1章で述べたように、魔女の害悪魔術中に天候魔術が大きな部分を占めていた事実も、気候不順と魔女狩りとの密接な関係を推定させる。

魔女狩りの蔓延と悪天候との関わりを具体的に示す例として知られているのは、ロレーヌ地方北部のメッスでの件である。葡萄栽培を主産業としていた当地では、一四五六年、一四八一年、一四八八年に魔女迫害が起きたが、それらはいずれも、霧雨と寒気の連続や雹や雷を伴う冷害または多雨による葡萄への深刻な被害がきっかけになっている。またウンターフランケン地方のツァイルで一六二六年に発生した魔女狩りは、葡萄畑が氷結により壊滅したのがきっかけで、細民が煽動して行われた。さらにより広く、一六世紀末〜一七世紀三〇年代の南ドイツやフランス・スイスの国境地帯の苛烈な魔女狩りも、年代記や司法官の記録や請願状によると、気候悪化とそれに起因する凶作他の災厄が原因だと推測できる。

あらためて指摘しておけば、サバト概念とともに集団としての魔女が裁かれ始めたのは、寒冷気候の影響をもっとも受けやすい西アルプス地方だった。魔女狩りは、このもともと気候が不安定な山岳地方を深刻な冷害が襲ったために始まったのであり、最初期のサバトを伝える『ガザリ派の誤謬』(第5章参照)でも、荒天による災害や疫病の責任を魔女に帰していた。

第二に、疫病はどうだろうか。魔女は毒薬を用いた害悪魔術を得意とするので、彼女らは当然疫病流行の責を負わされそうなものだが、こちらは気候悪化——による凶作——のケースほど関連性は明らかではない。一四世紀半ばにヨーロッパじゅうを襲い、その後も断続的に大被害をもたらしたペストのような急激・大規模で標的を定めない激甚なる疫病を、悪魔の奸計、魔女の害悪魔術とするのは——魔女の被疑者まで次々斃れてしまうため——無理があり、むしろ罪深い人類への「神の怒り」「神罰」と理解されたのだろう。マラリア熱も重大な病だったが、その発生場所が沼沢地などの水辺に限られているところから、瘴気《しょうき》や他の環境要素に帰された。また各地でインフルエンザ、チフス、赤痢、天然痘が蔓延して大きな被害が出ることがあったし、梅毒などの性病も多くの知識人の関心を引いた。しかしどんな個別の病も、裁判記録や悪魔学書において、魔女と結びつけられておらず、告発材料にはなっていない。さらに魔女による身体攻撃は、不特定多数を狙うのではなく、特定個人への呪いによる攻撃が通常のパターンとされたことも、疫病と魔女との結びつきを弱めたに違いない。魔女の害悪魔術は時間と空間が限定され、加害対象も特定の人やもの、というのが一般的な考え方だった。

しかし、ときには疫病を契機とした魔女迫害も認められる。たとえば一四五三年南西フランスの小都市マルマンドで疫病が流行ったときに、妖術で疫病を引き起こしたとして、数人の女性が正式な裁判に掛けられる前に殺害された。カルヴァン派のジュネーヴでは、一五六七〜六八年と一五七一〜七二年に、数年にわたる疫病蔓延を背景に魔女パニックが起きた。ここでは、ことにペストの毒入り油を家々の出入り口や壁に塗る「ペスト塗り」(engraisseurs)として魔女が迫害されたのである。この町ではおなじ嫌疑による魔女狩りが一五三〇年、一五四五年、一六一五年にも激発し、二〇〇件以上の裁判が行われて一〇〇人以上が処刑された。一六三〇年には、近隣のサヴォイアとミラノでも「ペスト塗り」裁判が起きた。さらに一六一一年の南ドイツのエルヴァンゲンでの魔女狩りも疫病がきっかけだった。

それでは三番目に、戦争との関係はどうだろうか。ヨーロッパでは近世に入るとドイツ農民戦争(一五二四〜二五年)、フランス宗教戦争(一五六二〜九八年)、三十年戦争(一六一八〜四八年)、フロンドの乱(一六四八〜五三年)と戦乱がつづいた。これらの戦争に直接巻き込まれていた時期・地域には、魔女狩りは少なく、「魔女狩りは平和なときに起きる」という言明は正しいようだ。

戦場や敵軍に占領された土地はもちろんのこと、軍隊が通過し、宿営させている町村でも暴力、強姦、略奪、畑の荒廃があり、行政は混乱して司法機構も普段のようには働かない。また戦争には明確な「敵」がおり、そこに注力しているときに、別の「敵」=魔女を裁いている余裕はないのだろう。逆に軍事的支配が強力になされ、統制が保たれているゆえに魔女狩りが抑えられた、という場所もあろう。

しかしながら、戦争と魔女狩りに直接の関係はないにせよ、戦争も飢饉や疫病などの災厄とおなじく、経済的にも栄養学的にも人間の生存を不安定にして不安心理を醸成するので、他の要因と絡み合いながら、魔女狩り激発のための温床を作ると考えたほうがよい。実際、三十年戦争の途中、一六二七〜三二年に南西ドイツの一角で魔女大迫害が起きたし、三十年戦争が終わるや否や、北フランスやスイスでは休止していた魔女狩りが大規模に再燃したのである。一七世紀末のポーランドの魔女裁判も、戦争の負の遺産の好例だ。

以上、気候不順、疫病、戦争と魔女狩りとの関係について検討した。魔女が仕立て上げられる素地になった人間関係の破綻、共同体の社会的結合関係のほころびについて次に見てみよう。

農村共同体の解体とスケープゴート

魔女狩りの時代とくに一六世紀から一七世紀前半にかけて、ヨーロッパの経済・社会にはどんな変化があっただろうか。一五世紀末に新世界が「発見」され、以後さまざまな産物や金銀が流入、商業・交易は活発化し、いわゆる価格革命が起きる。この経済の変動により、農村共同体の姿は大きく変わっていった。すなわち資本主義の展開に適応して都市で地位を高め、参事会の座席を得た官職貴族やブルジョワ(商人、法曹家、公証人、高利貸し、小官吏、富裕農民)たちが、農村にも進出して大地主になり、富を蓄積していった。しかし他方ではもともとの農民たちには小さな耕作地しか残らず、物価の高騰に租税苦も加わって家族を養えなくなり、領主直営地で賃労働したり、都市へと移住したりした。

農民の状況をもう少し詳しく眺めてみよう。ペスト禍によって一四世紀半ばからつづいた人口減少局面が一六世紀に入って反転し、人口は一八世紀まで増加基調になるが、一六～一七世紀には、度重なる災厄による急落とすぐさまの回復により人口曲線は鋸歯状を呈した。自作農の一部には織物業などにも手を出して富裕になる者もいたが、その一方、より小さな土地保有の小農民の傍らには土地財産のない貧窮農民が多数現れた。

こうした一種の階層分化の結果、伝統的に平等・公平だった農村の管理、共有地や森林・牧草地の使用権は、各農民の土地財産に応じて差別化されるようになり、それにまったく与《あずか》れない貧窮農民は不満を募らせた。かくして共同体は解体していった。一六世紀後半に乞食や放浪者、ならずものを取り締まる令状が多く出されるようになった事実も、そのことを物語っている。

旧来の領主たちも、物価高騰と貨幣価値の下落のために打撃を受けて、その財産や諸権利は、上記のブルジョワ地主らの進出で縮小してしまった。また自由農民による保有地の世襲財産化の定着も、彼ら領主には打撃だった。だから彼らは、地代滞納を口実に農民保有地を召し上げたり、共有地を没収したりして直営地をふやそうとしたが、それがさらなる貧窮農民増加に繋がった。

以上のような物質的・経済的状況悪化に加えて、宗教改革以後の宗派対立もあって、人々は鋭い危機意識に囚われていった。そんなときに、上で見た、気候不順・飢饉、疫病、戦争などが出来すると、心身ともにギリギリの状態が生まれ、隣人どうしの妬み恨み・諍いが至る所に渦巻いて、いつ魔女狩りが起きてもおかしくない条件が整うのだろう。

すなわち心理的に追い詰められた人々の間で、ちょっと普通ではない、原因不明の病気や怪我、性的能力の無能化、家畜の異状、農作物の枯死などが発生すると、その被害の「責任者」を誰か見つけなければ、収まりがつかなかったのだろう。魔女狩りをかような共同体関係の解体、そこにおける緊張の増大と結びつける学説は、大筋において正しいと思われる。

上述のように農村では共有地が減少し、また貧富の差が拡大していったが、それでも共同作業を余儀なくされる機会は少なくなかった。しかし中世の農村にあったような助け合いの精神は過去のものとなり、放牧・果実採集・干し草集め・狩りや漁などでの協力や譲り合いもなくなる。隣人の一部を洗礼式や葬式に招かないこともふえる。富者は貧者を憎み、貧者は富者を呪った。いくら働いても生活が楽にならない「負け組」農民は、その原因を隣人の害悪魔術のせいにして気を安めようとする。さらに領主が自分たちの権利を維持するために、公の司法リソースを使って共同体のグループを二つに分裂させて、魔女狩り合戦を行わせることさえあった。

　このような状況下で、貧しい女性たちが、喜捨——ミルク、卵、小麦、バターなど——を隣人に願うとどうなるだろうか。かつて共同体意識が健全に広まっていたときには、迷うことなく慈善に手を差し伸べた隣人も、共同体のまとまり、古き良き隣人関係が崩れた今となっては、喜捨を断りがちになる。すると断った者の胸には、無意識に罪悪感・良心の痛みが芽生える。その罪意識と怒りを、他人——まさに喜捨を求めた者——に向けるのが魔女発生の仕組みの原点だ。たとえば喜捨を断られた老女が、悪態(呪いと見なされる)を吐《つ》き、その後ほどなくして、断った人やその家族に身体の異変・病苦、あるいは他の何らかの不幸が降り掛かる、これは悪態を吐いた「魔女」のせいだ……というパターンが多かったようである。

図7-1　物乞い(ヴィンタートゥール市の新年郷土便り，1725年)

　とりわけ魔女として疑われるのは、すでに長年にわたって近隣関係で疎外されていた女(ときに男)で、夫を失い、助けてくれる親族もなく立場が弱くなった寡婦とか、再婚した女性とか、当地の社会関係に馴染んでいない余所者とか、村の共同作業や行事から仲間はずれにされていた人だった。なかでも「ガミガミ女」とか「覗き魔」だとか悪い噂を立てられていた老女が「魔女」と名指しされがちだった。

賢女と魔女

農村部の魔女でかつて典型的とされてきたのは、呪術使いの女・病気癒やしの女・産婆である。彼女らは、異教的な呪術、そして薬草や膏薬、星の運行に関する知識があり、その知識を用いて人間や動物の病気を癒やし、産婆としての出産補助——または多産をもたらしたり逆に堕胎をも助けたり——をした。他に、夫婦関係を修復したり、恋愛問題を解決したり、村の諍いの大元を指摘したり、呪いの除去をしたり、失せ物を探したり、占い・予言をしたり、畑の稔りや富をもたらしたり、といった活動をした。こうした人々の日常の困難を除去して平和をもたらしていた女性は、ヨーロッパじゅうの村や町に古くからおり、「賢女」(weise Frau; sage-femme; wisewoman いずれも「産婆」の意味もある)と呼ばれていた。

従来畏敬の念を抱かれていた賢女が魔女とされるには、後段で述べる社会的規律化と文化変容が関わっていたことだろう。つまり中世半ばから、医学的知識を独占しようという都会の大学の男性たちが、民間療法の雄たる彼女らを医療行為から排除しようとし始めたからである。

文献医学のみ重んじ、外科医学を軽んじた大学の医学部関係者は、当然、産婆術や民間療法の実践家を軽視し、都会においては大学出の医者の医療が、とりわけ上流市民たちの間でもてはやされた。賢女らの農村での活動領域が奪われたわけではないが、彼女らはエリート知識人たちの攻撃の犠牲になり、一六世紀後半以降にはそのイメージはグロテスクに歪曲されて、悪魔と結びつけられていくのである。

ただし、魔女とされた女性が、産婆とか病気癒やしや占いを生業としていた老女ばかりではないのも事実である。老齢の女性であるという共通項はあっても、必ずしもそのような生業の者とは限らず、むしろ人口分布をなぞるように、羊飼い、乞食、自作農、小作農、下男下女などがまんべんなく魔女として告発された。夫がおり家庭を築いている既婚者（農婦）が多数を占めることもじつはしばしばで、さらには村や町の有力者の妻だったりすることもある。魔女裁判の被告となる者の多くは、最貧困ではない平均的な社会層の村人であり、密告者や原告になるのは、より富裕の層の者が多数を占めていたよ

図 7-2　女性と植物（『健康全書』ウィーン写本，14 世紀末の挿絵）

うだ。

また時代が進むにつれて、魔女の身分・階級が変わっていく傾向も見られる。すなわち村外れの荒れ地や森、山岳や渓谷といった僻地に住む貧しい老女、あるいは村にとっての余所者や下層民が魔女の典型だったのは魔女狩りの初期から中期にかけてであり、中後期、一六世紀後半以降は、むしろ社会的地位が高い富裕な農民やエリート市民や貴族および聖職者などが標的になるのである。

しかし呪術使いの女、薬草による病気癒やしや予言や産婆術で人々を助けていた「賢女」が反転して「魔女」に仕立て上げられるケースが、悪魔学者はじめ司法官や教会人によって典型視されたのには意味がある。つまり魔女として告発されるのが誰であれ、そこには賢女を核とするかつての村々の伝統的な習俗、苦難を生き延びる知恵や世界観の名残りがつねにあったからである。そして村や町で魔女の妖術ゆえに自分やその家族・財産に危害が加えられたと信じる者は、自分たちが普段行っている各種の呪術的な防護策や迷信行為では対抗できないと判断したときには、賢女ないし同様な力を持つと伝統的に考えられてきた、羊飼い・皮剝ぎ人・理髪外科医、あるいは不思議な力を持つ外部者——第2章で説明した「魔女発見人」がその例——などに、妖術を仕掛けているのは誰なのか占ってもらい、対抗呪術で害悪を取り除いて平常の秩序を立て直してもらおうとするのが常だったのだ。

こうした異教的・呪術的世界観、別言すればマクロコスモスとミクロコスモスの照応、類感呪術の世界に村人たちがいまだに浸っていたからこそ、何か自然的原因では説明しがたいように思える不幸が襲い掛かってきたときに、すぐさま悪しき呪術（＝妖術）を疑い、その張本人を暴き出そうとするのである。その張本人としては賢女ではないにせよ、賢女の特質を共有すると見なされる人物に白羽の矢が立つ。なぜなら善き呪術と悪しき呪術は容易に反転するし、後述の「文化変容」により異教的な呪術的世界観が悪魔化されていくと、あらゆる呪術が魔女による妖術とされ、村人も上から与えられるそうした観点に次第に染まっていくからである。

都市の魔女

都市を舞台とした魔女狩りも一瞥しておこう。魔女狩りの標的となったのは、全体としては農民が圧倒的であったのは確かなようである。ネーデルラント、イングランド、フランスでは、都市を舞台とする魔女現象はほとんどなかった。ドイツでも主流は農村で、都市の裁判所で裁かれても、それは周辺農村の農民が中心都市に裁判のために連れて来られたのであり、もともと農村的現象だったというケースが多い。そもそも一七世紀の神聖ローマ帝国では、人口の七五％が農村で生活していたのだ。

といっても、まさに都市を舞台とする魔女狩りもあり、それは大都市ではなく中小都市に集中していた。思うに農村から起きた魔女狩りが、いまだ農村的様相を留めた、隣接する中小都市に伝染していったためだろう。そしてトリーア、ヴュルツブルク、バンベルク、アイヒシュテットなどの例に注目すれば、最大の魔女狩りは都市環境で起きたとも言える。またポーランドでは魔女被告の一九%、おなじくフィンランドでは二六%が都市住民で、これは都市人口が全人口に占める割合(両方とも五〜一〇%)に照らせば非常に多いことが分かる。

それでは、都市ではどんな身分職業の者が魔女に仕立て上げられたのだろうか。これは専門技能のない賃労働大衆、さらに貧しい乞食や浮浪者といったマージナルな境涯の者よりも、書記、宿屋・居酒屋主人、肉屋や鍛冶屋などの職人、さらに司祭、領主の廷吏などで、女性については、今列挙した者たちの妻や寡婦のほか、産婆、女学校教師、館の女管理人など、要するに中流女性だった。

また都市では、農村ではなかったような高位の人物が魔女にされることがあった。富裕商人や聖職者や参事会員、さらには教師・裁判官・高級官吏、市長・シュルトハイスやそれらの者たちの妻までがたびたび標的になっているが、これは政治的対立、党派対立の中で起きた事態だと考えられよう。特定の職業——織物商人とその妻など——が狙われる場合も、都市内の勢力争い、ギルド・ツンフト間の争いが関係していよう。

こうした観点でもっとも派手で目を惹く魔女狩りは、トリーアで一五八八〜八九年に起きたものだろう。一五歳のイエズス会修練校の生徒による告発で始まった裁判では、トリーア市の重職を歴任した富裕市民ディートリヒ・フラーデを筆頭に、市長や元市長、市参事会員、司祭らが魔女(妖術師)として火刑にされ、さらに逮捕者は三〇六名、彼らが名を挙げた共犯者は一三八〇名ほどに上ったという。熱に浮かされたように魔女迫害を推し進める選帝侯一派と、それに批判的な市参事会の対立がもたらした魔女裁判だった。

このように都市では、党派に分かれた都市エリートが、政治的アドヴァンテージを得て権力を掌握するために魔女裁判を利用するケースが目立っている。そして敵対する党派のメンバーやとくにその妻を告発した。魔女狩りで政敵らを排除するとともに、それを滞りなく進めることが、指導力の証明ともなるのである。ドイツのオスナブリュック、ミンデン、レムゴ、ヘルフォルト、フェルデン、ロイトリンゲンなどの魔女狩りがその例証となる。

都市においても女性が主な標的となったが、その裏には社会的・経済的事情があった。一六世紀には男女とも晩婚傾向が著しく、初婚の平均は男性が三〇歳、女性が二七歳だった。未婚女性の割合は以前は五%程度だったのが二〇%近くに上り、そこに一〇~二〇%の寡婦が加わる。かくて激増した独身女性は、とりわけ父(夫)権の庇護から離れたときに、社会の紊乱要因とされて魔女の源と見なされるのである。もちろん後には夫・家族のいる既婚女性にも嫌疑は及ぶようになるが。

もうひとつ、近世になると、物価高騰・雇用不安が嵩じ、中世には女性に対して認められていた一部のギルド(織物業やビール醸造業、ガラス細工あるいは小売業)から彼女たちが排除されたし、土地を失った農家の女性が都市の工場で賃労働者になっても、賃金はごく僅かであった。寡婦の生活の厳しさについては贅言するまでもない。またヨーロッパ各国で女性は結婚持参金を自由に譲渡できなくなり、遺言での宗教施設への寄付も制限された。遺産相続権のある女性がたびたび魔女容疑者として狙われた事実も勘案すると、女性に財産を渡さない仕掛けとしての魔女裁判、という側面もあったのではないだろうか。

都市エリートによる農村の文化変容

隣人間の付き合いにうまく溶け込めない女性が魔女に仕立て上げられたのは、共同体にひび割れが起きて貧富の格差や利害関係の相違が目立ち始めたとき、説明の付かない災厄に直面した住民がスケープゴートを仕立ててその責任を転嫁して安心するためであった。しかしそれがまさに他ならぬ魔女妄想、魔女狩りになるためには、伝統的な民俗に根付いていた呪術的世界観が「悪魔化」される必要があった。

フランスの歴史家ロベール・ミュシャンブレは、フランス王国の魔女狩りに関して、(対抗)宗教改革の精神を汲み取るとともに、絶対王政のイデオロギーを信奉した都市エリートによる農村的・民衆的な思考様式・世界観の改変の動き、すなわち「文化変容」が根底にあったのだと考えている。

その新しい文化の波を農村の民衆にもたらした都市のエリートたちというのは、(対抗)宗教改革のイデオロギーに強い影響を受けた司法官=俗人判事や教会改革者であった。彼らの中でもエリート中のエリートたる大学の教授団、上級裁判所の裁判官、君主宮廷の裁判官や高等法院の評定官などが自ら農村を訪れる機会は少なくても、在地裁判所の裁判官たちが彼らと口頭もしくは書簡で意見交換する中で、農村部の役人らに都市エリートの精神が伝わっていった。他方、教会改革の理念も、司教巡察の際に、あるいは司教や諸修道会によって農村に送り込まれた説教師の巡歴説教を通じて、徐々に広まった。さらにそれが小教区司祭の日曜説教や絵入り新聞・パンフレット、学校での教師の訓話などで広く周知されていったのである。

知的エリートが都会から持ち込み植え付けた新しい価値観によって、田舎の習俗が刷新されていく。その過程で不適格司祭の剝職、異教的な祭りや遊びの禁止、聖務を妨げる時間中の旅籠や居酒屋の閉鎖などが実施され、売春・泥酔・暴力・性的逸脱・子殺し・ソドミーなどに監視の目を光らせた。さらに無礼で粗野な言葉遣いや身振りを改めさせたが、もっとも強い非難を浴びたのは冒瀆言辞だった。

要するに共同体から迷信・異教的要素を追い出し、カトリック・プロテスタントそれぞれの宗派が理想とする、キリスト教の教義に適った清浄で秩序ある社会にしていくのが「文化変容」活動の目標だった。とくに一六世紀後半には、異教的呪術への攻撃が活発になり、かつてならキリスト教の典礼に組み込まれたり、信心業として認められたり、祝祭日の行事として黙認されたりしていた、行為や言葉やものが、厳しく取り締まられるようになるのである。当局がとりわけ目を光らせたのは、人や家畜への危害を防ぐ対抗呪術や、占い・予言でのキリスト教儀礼の流用であった。それらは悪魔化され、悪魔崇拝さらには魔女の妖術に接近して刑法上の犯罪を構成することになる(たとえば一五七二年のザクセン選帝侯の刑法典)。

この司法官・教会関係者らによる激烈な悪魔化キャンペーンとそれに伴う呪術師・占師・祝福者のあぶり出しの結果、民衆は呪術的世界観の渦中にいる自分たちが劣等な人間だという罪責感を持ち、さらに互いに監視・忠告しあうに至った。その挙げ句、そうした民俗伝統を色濃くまとった「賢女」を典型とする女性(産婆、呪術使い女、病気癒やし女)を非難し、ひいては魔女として排除していくようになるのである。

魔女裁判は、この大きな文化変容がもたらした民衆文化抑圧の巨大装置だと評価できるが、またそれ自体が、悪魔と結びついた恐ろしい魔女とその妖術のイメージを民衆らに浸透させる機会にもなった。というのも、魔女裁判では、有罪が確定して判決が下されようという最終開廷日に――すべては決まっていて茶番のような儀式にすぎないのだが――厳粛な雰囲気の中、自白の全文が読み上げられ、被告人が個々の点について「その通りです」と確認した後、判決が下されたからである。

さらに処刑後にも、小教区司祭らが説教で魔女の悪行とその裁きについて語り、村人たちは家や畑で、家族・隣人と魔女や魔女裁判について話し合う。こうして司法機構や教会組織を介して、上から与えられ徐々に農民たちの間に浸透していった強迫的な魔女表象がいっそうの不安と苦悩をもたらした。しかしそれは同時に、彼らを襲う社会的な危機の宗教的な説明とその解決法をも与えた。だから今度は、自分たちが熱心な魔女狩りの当事者、まずは探索と告発の主体となっていくよう、村人たち自身が動機づけされたのである。

見逃してならないのは、こうした農村への悪魔および魔女観念の浸透には、一六～一七世紀に都市エリートの薫陶を受けた新たなタイプの「農村エリート」というべき人々の働きがあったことである。これは本章の最初のほうで述べた、近世農村における共同体解体、階級分化の「勝ち組」として現れた広い土地を所有する新領主らを中心に構成された。彼らは読み書きができ、キリスト教についてのある程度の知識を有して、農村共同体の指導的立場にいた。また彼らは、近隣都市や宮廷に属する学識法曹、高度な法的知識を有する司法官とも接触したし、狂信的な説教師がやって来て魔女とその妖術の恐ろしさについて説けば、誰よりも敏感に反応したのであった。彼らは村での自分たちの権威と立場を固めるためにも魔女狩りに熱心で、自らが雇い入れ、使用する下の者たちに、自分が魔女だと疑う者らを告発するように唆《そそのか》したのである。

国家権力の発現としての魔女狩り

上に見た都市エリートの農村への介入、その結果としての文化変容を政治的文脈に置き直してみると、絶対主義国家成立との関係が見えてくる。

魔女迫害は、国王(君主)の権力強化と関連していた。中央集権の絶対主義体制構築のためには、常備軍を整えたり、主にブルジョワ階級から登用した官僚群を集めたり、税制を改善して安定的な収入を得たり、民衆反乱を徹底的に鎮圧したりすることも必要だが、それらすべてを正当化し価値付けるイデオロギーを国家が確立して、従順な臣民を創出することが不可欠だった(主権国家体制成立)。そしてヨーロッパ全土における魔女狩りの主な熱源のひとつは、そのイデオロギー形成に協力する司法官を中心とする世俗エリートと聖職者のエリートたちが、国王・領邦君主を戴き、厳格なキリスト教道徳の実践を特徴とする政治的共同体である神的国家を創造しようと決意したところにあった。

先頭を走ったのはフランスである。すでに一五世紀末〜一六世紀前半には、大貴族を国王官僚機構に取り込み、また自律的だった都市の諸特権を国王役人が蚕食して王権に従属させていたし、一七世紀の王権はフロンドの乱など多くの反乱にもかかわらず、不断に力を蓄え、ルイ一四世時代には頂点を極めた。実際には、それは社団の積み重ねから成る中央集権国家だったのだが、イデオロギー・理念としては、神の王国の地上の代理人としての国王に全臣民が平伏すべきだとされた。興味深いのは、フランス王国はローマ教皇庁を頭とする教会権力・権威の干渉から免れた「世俗国家」なのに、宗教戦争を終結に導いた一六世紀末のアンリ四世の時代から、その国家形成はすぐれて宗教的プロセスで行われたという事実である。

そして王は教養人にとって宗主の中の宗主となり、教会の息子、王国の中の皇帝であった。民衆にとっては王は国民の父、正義の裁判官、聖人、否、神そのものとも見えた。こうした超男性の聖なる存在たる王は、キリスト教秩序をも守護する責任があり、ゆえに異端を根絶するとともに、悪魔の策謀に由来するあらゆる障害を排除する厳格な司法＝刑事機構を作り上げる責務を感じたのである。そして妖術は神の創った秩序を脅かす神への大逆罪だが、同時に神の代理人たる王の秩序も脅かすので、王への大逆罪にもなった。こうした考え方を練り上げたのが、悪魔学者らであった。

フランスとは異なり、ドイツ(神聖ローマ帝国)にとっては統一した集権的政治体制の構築は遠い先であったが、それでもそれぞれの地方を一円支配する領邦に着目すれば、その多くで小さいながらも権力が集中し、中央宮廷を頂点とする裁判機構がその権力を繰り返し見せつけた。

そしてドイツの領邦君主は、フランス王同様な責務、すなわち、地上の支配者であるとともに地上における神の秩序の実現という任務を自らに課していた。とりわけ領主司教のいる所で、神聖国家の考えとそれに相即したきわめて中央集権化・ヒエラルキー化した司法概念が出来たことは納得できる。悪魔学者ペーター・ビンスフェルトは、自分が副司教を務めるトリーア選帝侯領においてこうした考え方を正当化し、魔女迫害に猛進した。

そもそも神聖ローマ帝国全体に通用する重要な法律、一五三二年に皇帝カール五世の名で制定された「カロリナ刑法典」は、拷問で魔女をあぶり出し、火刑に処すべきとする規定を含み、魔女裁判を促進したことは否めない。ただしこの法典では、裁判を濫用して恣意的に有罪に持ち込むことのないようういくつもの条件を付けて留保していたが、各領邦の君主は、それぞれ宗派におうじた法律（ポリツァイ条例）を制定して、「カロリナ刑法典」にはない犯罪を新たに規定したり、魔女の証拠・証言の基準を緩めたり、拷問の制限条件を無視したりして、魔女狩りの敷居を低めたのである。

領邦では、その内部でしばしば司法の組織・管轄関係が複雑に入り組んでいたこともあり、中央――宮廷顧問会など――の権威・権力を末端まで浸透させるのはしばしば困難だった。したがって魔女の処遇についても、配下の村や町の司法機関の自由裁量に任せがちだった。こうして中央の監督が行き届かない中、在地の裁判所が暴走し、具体的証拠を軽視して魔女狩りを強行することが間々あったのである。例外はあるとはいえ、これは中小領邦で著しい傾向で、君主の力が強力な大領邦では上級裁判所が地方の下級裁判所を監督して、その暴走・独断が抑えられた。

以上の国々や地域以外でも、スコットランドのジェイムズ六世、デンマークのクリスチャン四世などの魔女狩りへの熱意を見ると、それが強盛国家建設への意欲と結びついていることが分かる。

一六〜一七世紀ヨーロッパにおける近代国家形成の歩みの中で、中央集権的な絶対王政の推進が激しい魔女狩りの原因だった、という以上の見通しに真っ向から反対するB・レヴァックのような研究者もいる。彼は次のように主張する——中央集権化を進めるフランス王国やドイツ諸領邦は、下級裁判所・在地裁判所や関係する司法官らの身勝手な魔女狩り熱を牽制しようと努めた。具体的には大学所属の法律家の鑑定や上級裁判所の意見聴取、また上訴を義務化した点にそれは現れており、効果も大きかった。中央権力は魔女狩りを推進するよりは抑制したのであり、さらには魔女狩りを終結させる上で主導的な役割を果たしたのだ……これにも一理ある。

またフランス王国では、次章で見る高等法院の理性的でバランスの取れた地方への監督など、評価される点があるかもしれない。とはいえすでに述べたように、神聖王国を率いる王は、一面で魔女裁判を国家形成に「利用」しようとしていたのは紛れもない事実だろう。フランスやドイツでもそうだが、南ネーデルラント、スコットランド、デンマークなどでも、法律や王の決定による厳正な裁きの要請ゆえに下級裁判所が張り切って厳しい魔女裁判を展開し、いわば在地裁判所が中央の権威を借りて、神の王国の代理の代理として、勢い込んで振る舞ったのだから。

さらに例を挙げよう。クロード・トローザンは一四二六年から二〇年以上にわたってドーフィネ地方の上級裁判官を務めたが、自分の職が王太子から直接任命されたことを誇りにし、いよいよ魔女・異端の根絶に使命感を募らせた。彼は二五八人を魔女として裁いたが、悔悛する可能性のない被告たちは、実際に誰かに死をもたらした害悪の張本人でなくても、またサバトに行ったことがない場合でも、その存在自体が神への大逆罪だからと、世俗王国での大逆罪と同列で死刑に処すべきだとしたのである。もともと神聖ローマ帝国内の領邦のひとつだったドーフィネは、一四世紀半ばにフランス国王に売り渡され、王族に授封された準直轄領としてフランス王国に編入された。トローザンは神の代理人としての領邦君主、ひいては王の権力を背景にして裁判を主宰したのである。

国王や領邦君主らにとっては、かつて自己の威信を高め国家形成に役立った魔女裁判が、やがて在地裁判所の勝手な振る舞いのせいで国家主権を脅かすようになったときには、態度を変えて反対に回るのだろう。だが、この態度の豹変によって中央権力の根本的な責任を回避できるわけではあるまい。

カトリックとプロテスタントの相克

魔女狩りの開始・蔓延を宗教改革と結びつける考え方がある。しかしプロテスタントの登場を、魔女狩りの「原因」と見なすのはおかしい。というのも魔女狩りは、一五一七年のマルティン・ルター(一四八三〜一五四六年)による「九十五箇条の論題」のはるか前から始まっていたし、魔女迫害は、カトリック地域がプロテスタント地域より開始時期が早いのはもちろん、全般に規模としても大きかったからである。

しかし逆に、魔女狩りをもっぱらカトリック的現象と片付けることもできない。ドイツに注目してみれば、カトリックの諸地域で魔女狩りが深刻だったのは確かだが、おなじく激烈だったメクレンブルク公国やポンメルン公国はルター派、フルダやエルヴァンゲンも同様であった。またカトリック領と同様に、プロテスタント領においても、魔女信仰に対する君主の個人的な態度が決定的な影響を及ぼした。熱狂的なプロテスタント信者でカトリックが許容していた呪術的民間信仰撲滅と魔女弾圧を自らの任務として掲げた悪名高い君主には、ルター派のヘッセン＝ダルムシュタット方伯のゲオルク一世(在位一五六七〜九六年)、おなじくルター派のメクレンブルク＝ギュストロー公グスタフ・アドルフ（在位一六三六〜九五年）、さらにはカルヴァン派のナッサウ＝イトシュタイン伯ヨハン（在位一六二九〜七七年）などがいた。

このような背景からドイツの魔女裁判を眺めると、宗派による根本的な違いは見出せない。しかしプロテスタント地域でも魔女狩りが盛んに行われた事実は、プロテスタントの教えが魔女や悪魔をどう解釈しているのかという点で、興味をそそられる。プロテスタントは聖書に立ち戻ることを主張して、カトリックの教えを批判したが、悪魔および魔女についての観念は、ほぼカトリックを引き継いでいる。そもそもプロテスタントの創始者、マルティン・ルターやジャン・カルヴァン（一五〇九〜六四年）が、魔女とその妖術の実在を固く信じていたのである。

ルターの『卓上語録』には、鼠に変身した魔女が隣人から牛乳を盗もうとした話とか、自分や母親が魔女に苦しめられた話が載っているし、旧約聖書の「レビ記」を引いて、魔女は容赦なく火刑に処されるべきだとも述べている。またルターは、妻は夫に、神に服するように従順に、どんな苦しみにも耐えて服すべきだとし、キリスト教信仰の表現の場であるとともに世俗の権威への服従を学ぶ場でもある「聖なる家庭」の秩序を壊す反逆者こそが魔女だと決めつけた。そして妖術や偶像崇拝によって自分で自分の運命を変えられると慢心し、夫への服従を承服しない老女がその典型だと考えた。こうしたルターの考え方は、パウル・レブーンやハンス・ザックスといったプロテスタントの劇作家たちによって改変されつつ、多くの信徒に伝えられただろう。

ジャン・カルヴァンも、サタンの力は強大で、真実のキリスト教の聖徒が、絶え間ない戦いを挑まねばならないとし、またその説教の中では、神の真実を拒絶したために世界じゅうに広まっているという魔女とその妖術を憂い悲しんでいる。加えて、ルターとおなじくカトリックの儀式・信心業の多くが呪術的要素から成っていると見て、聖書に根拠のないそれらを嫌うのみか、魔女の妖術に近づけて捉えているのである。

だから、こうした宗教改革の指導者らの考え方がプロテスタント地域へと広がっていくにつれ、カトリックの慣行の中に溶け込んでいた呪術的行為ないし儀礼魔術に対する敵意から、聖人や聖遺物の崇拝、行列や巡礼の儀式が放棄され、それまで容認されていた「教会の魔術」、すなわちご利益を得るための祈りや祝福の言葉、聖別されたもの、秘蹟、お守りや呪文、聖水や祝福された塩の散布、十字の印付けなどの実践が厳しく禁じられたのである。そしてこれが誘因となり、プロテスタントはその新征服地で魔女狩りを頻繁に起こし、もしくは強化した。

じつはプロテスタント側だけではない。カトリックの対抗宗教改革においても、同様な儀礼魔術への警戒が生まれた。トレント公会議(一五四五〜六三年)後、カトリック教会は、信者の宗教的実践や信仰を管理し、新しい指針・基準に沿わせようとした。単純な行為(十字架の印、蠟燭の点灯など)や祈りで構成され、それ自体では合法な儀式だったとしても、それらが不適切で無許可の目的のために使用された場合、またはその効力が実践者の目から見て何らかの魔術的効果にもとづくものであった場合は、すべて異端と疑われると強調された。

しかし魔女狩りの激化という観点からは、カトリックとプロテスタントの「関係」にこそ注視せねばなるまい。プロテスタントがカトリックの儀式・信心業に魔術・異端的要素を見たように、魔女裁判は、カトリックとプロテスタント双方に、相手を呪う手段を与えた。互いを悪魔の手先とまで呼び、相手の存在・勃興をサタンの業と見ることもあった。だが勘違いしてならないのは、必ずしも双方が相手を直接迫害するために魔女裁判を利用したわけではないということだ。

そうではないのだが、宗派(カトリック、プロテスタントのルター派、カルヴァン派、改革〈ツヴィングリ〉派、再洗礼派など)が入り混じり、あるいは隣接地域の宗派から圧力を掛けられて不安心理が広がっている地域で、ときに千年王国説信仰も絡んで、サタンの策謀と内部の裏切り者が結びつけられることはあった。実際、魔女狩りは、カトリックとプロテスタントが領地を奪い合い、最近、宗派が交替した所、あるいは宗派が混在したり宗派の間で揺れ動く境界地域でもっとも激しかった。宗派の異なる領邦がモザイクのように入り乱れる神聖ローマ帝国とそれに接する地域(ネーデルラント、ロレーヌ、フランシュ=コンテ)はその典型だが、おなじ条件の作用はスイス、ラングドック、ノルマンディー、スコットランドなどでも証明されよう。

農村における魔女狩りが、個人が自分の罪を共同体の他のメンバーに投影し、それによって自分自身の信心深さを証明する手段になりえたように、宗教的に分裂した地域にあるプロテスタントやカトリックの共同体もまた、神が自分たちの味方であること、より厳密に言えば、自分たちが神の味方であることを、それによって証明することができたのである。

社会的規律化

近年ドイツ近世史で盛んに話題になっているのが、いわゆる「社会的規律化」である。プロテスタントの宗教改革とカトリックの対抗宗教改革は、教理の差は大きくても、ともに善きキリスト教徒と秩序正しい清浄な社会を作るために生活を規律化しようとする動きは共通していた。

これは教会が領邦君主の監督下におかれる領邦教会制、それぞれの宗派の信仰と生活規範を世俗権力との協力の下に地域内で徹底させる宗派化、およびポリツァイ（良き公共秩序への保全・実現）の動向と不可分であり、国家、都市、教会それぞれが協力して、官僚や軍隊・聖職者の指導の下、公的なプログラムを掲げて推進された。政治と行政が、家庭、ギルド、都市、国といった入れ子状態の神聖なるキリスト教共同体を実現させようとしたのである。

すなわち、国王／君主を筆頭に、地方の司法官、聖職者、都市参事会などが力を合わせ、臣民の粗野な習俗を改めさせるべく、祭り・飲酒・売春・姦通・放浪・賭博・暴力・ダンス・浪費などを禁止もしくは規制した。それは情念への惑溺や性の乱脈が、社会秩序を崩壊させないようにするためだった。また奢侈条例とりわけ衣服条例を制定して、贅沢を抑制するとともに身分・職業にふさわしい衣服を着用するよう命じた。

社会的規律化のひとつのモデルとして「聖なる家庭」があった。すなわち実際の家庭が立派な家父長によって物理的かつ道徳的に治められるように、都市全体としても――聖なる都市として――都市参事会を牛耳る都市貴族らが、都市の中の「父」として、「子どもたち」すなわち市民の行状を用心深く監視し、彼らに必要なものを与え、またこまごまとした条例を定めたり、結婚を司る政府機関としての都市結婚裁判所を創設したりして、なにくれとなく口うるさくたしなめたのである。プロテスタント都市では、結婚や家族についての掟、妻は夫を愛するのみならず、彼に服従し支配されるべきだと言うルターの教えも、参事会により代弁されたのだ。

他方カトリック側では、トレント公会議で定められた対抗宗教改革の目標に沿って、カトリックの教義・典礼・信心業の正しさを再確認するとともに、迷信を一掃し道徳的に浄化・規律化された信徒らを創ろうと、さまざまな試みが実践された。その二本柱が「巡回裁判」と「司教巡察」であり、臣民にカトリックの教えを浸透させ、正しい生活を強いるべく活発に行われた。夫婦喧嘩や悪口雑言、教会への出席不足が明らかになると、厳しく咎められた。ほかには、印刷されたカテキズム（教理問答集）とその解説書で日常生活の指導が行われたことも重要である。冒瀆言辞や深刻な性的逸脱は、たんなる罰金ではなく、派手な儀式で晒し台に晒されたり追放されたりするなど、公的な制裁を科された。

　これまでの行論から窺われるように、社会的規律化でとりわけ力が入れられたのは、社会の細胞の「家」であったが、その理由は、家長を頭に、妻や子ども、召使いが共同生活する家庭こそが、国家をはじめすべての秩序の根っこだと考えられたからである。ルターも勧めていたように、家に閉じこもり、神が認めた「家の中の王」である夫に服従するのが良き妻で、そうでない反抗的な妻や、そもそも家の秩序の外に出た独り者の女が魔女と名指されがちであった。つまり魔女とは、政治と社会における家父長制的秩序への反逆者なのであり、魔女の存在は社会的規律化と絡んでいたのである。ジャン・ボダンも国家およびその統治モデルたる家の破壊者として魔女を糾弾していた。

図7-3　学校でカテキズムを指導するルター

実際、魔女狩りは社会的規律化の文脈にうまく嵌り込む。魔女の妖術は「例外犯罪」とはいえ、より広い視野で見れば社会の秩序への違背者の悪行で、ポリツァイの対象のひとつである点で、他の多くの犯罪と共通性を具えていた。刑事裁判記録の検証を重ねると、逮捕から捜査、尋問・証明方法、拷問・処罰に至るまで、一連の手続きにおいても魔女の犯罪は特別ではなく、殺人、窃盗、放火犯なども類似した扱いに服したことが明らかになる。

上段で紹介した「文化変容」論も、これを大きく制度的・政策的に捉えれば「社会的規律化」論に属する。「社会的規律化」はドイツ史の用語だが、フランスでも絶対王政の下での統一的支配実現のため、制度整備だけでなく、文化的・社会的な規律の強制があった。中世末から一六世紀初頭の民衆文化の存在は、きわめて分散化した政治生活と連関しており、政治的統合という目標は、多様な文化の統合と重なり合っていたのである。だから上述の絶対王政的イデオロギーを広めるのと並んで、王権は制度的には地方長官(アンタンダン)制度で地方を監視して臣民を服従させるとともに、エリートと教会の助けも借りて、臣民の身体と魂を鍛錬し拘束していったのである。迷信の撲滅、性行動の規制・抑圧、厳しい身体刑などの施策はそこから由来した。宗教道徳と政治道徳が交錯しながら、神と国王に尽くす善き臣民をさまざまなルートで教育していったのである。

第8章

魔女狩りの終焉

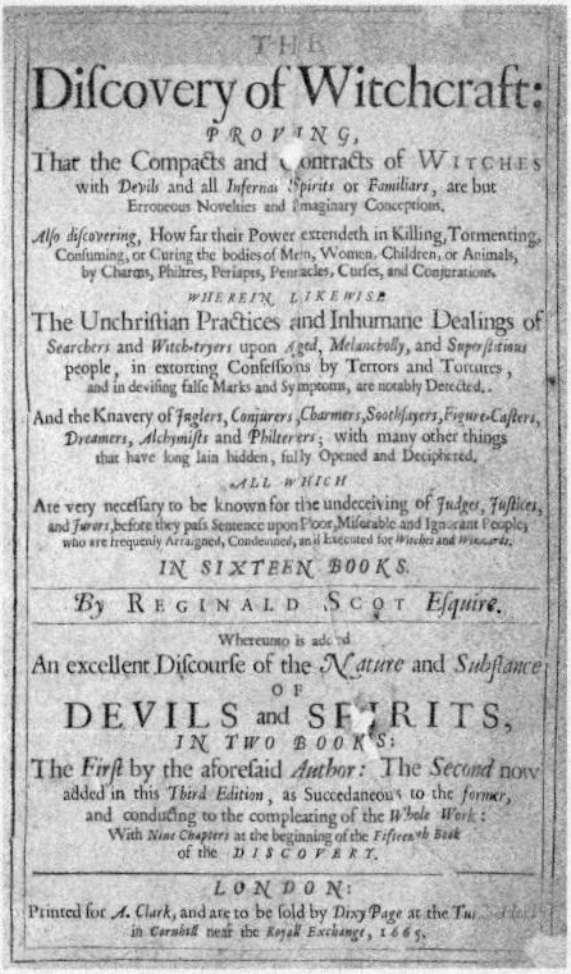
THE
Discovery of Witchcraft:
PROVING,
That the Compacts and Contracts of WITCHES with Devils and all Infernal Spirits or Familiars, are but Erroneous Novelties and Imaginary Conceptions.
Also discovering, How far their Power extendeth in Killing, Tormenting, Consuming, or Curing the bodies of Men, Women, Children, or Animals, by Charms, Philtres, Periapts, Pentacles, Curses, and Conjurations.
WHEREIN LIKEWISE
The Unchristian Practices and Inhumane Dealings of Searchers and Witch-tryers upon Aged, Melancholly, and Superstitious people, in extorting Confessions by Terrors and Tortures, and in devising false Marks and Symptoms, are notably Detected.
And the Knavery of Juglers, Conjurers, Charmers, Soothsayers, Figure-Casters, Dreamers, Alchymists and Philterers; with many other things that have long lain hidden, fully Opened and Deciphered.
ALL WHICH
Are very necessary to be known for the undeceiving of Judges, Justices, and Jurors, before they pass Sentence upon Poor, Miserable and Ignorant People, who are frequenly Arraigned, Condemned, and Executed for Witches and Wizzards.
IN SIXTEEN BOOKS.
By REGINALD SCOT Esquire.
Whereunto is added
An excellent Discourse of the Nature and Substance OF DEVILS and SPIRITS, IN TWO BOOKS:
The First by the aforesaid Author: The Second now added in this Third Edition, as Succedaneous to the former, and conducing to the compleating of the Whole Work: With Nine Chapters at the beginning of the Fifteenth Book of the DISCOVERY.
LONDON:
Printed for A. Clark, and are to be sold by Dixy Page at the Tu[illegible] in Cornhill near the Royall Exchange, 1665.

レジナルド・スコット
『妖術の暴露』(1665年版)表紙

魔女狩りはどこにおいても、いつかは終焉を迎える。その理由は、前章でいくつかに分けて検討してきた「諸原因」が変化して、魔女を生み出す土壌がなくなったからだろう。しかしそうした原因や条件の変化以前に、魔女概念の虚妄を暴き魔女狩りをなくそうとした思潮があった事実も無視できない。

悪魔と結託した魔女の存在とその悪行の現実性への懐疑的な声は、一七世紀の経過中に大きくなり、啓蒙主義時代の一八世紀には奔騰となって人々の頭から残忍な迷妄を一掃していき、以後、魔女として裁かれる者はいなくなったのである。

魔女狩りに反対した人々

魔女狩りが衰退する以前にも、魔女狩りを理不尽な蛮行だと批判する知識人は少なからずいた。

まず、第4章でも紹介した一四八九年出版の『魔女と女予言者について』の作者ウルリヒ・モリトール(一四四二〜一五〇七年)やとりわけその対話相手の大公ジギスムントのように、魔女裁判の訴訟手続きのみでなく同時代の魔女の妖術そのものに懐疑的な見解を持つ者は早くからいた。しかし同作品の先駆的な批判は孤立していて、ほとんどインパクトを及ぼさなかった。

より力強い論拠をもって魔女狩りを批判した知識人はヨハン・ヴァイヤー(一五一五〜八八年)である。彼は、ブラバント地方のユーリヒ＝クレーフェ＝ベルク公の侍医であったが、一五六三年に初版が出版された『悪魔の幻惑について』(ラテン語。後にドイツ語訳、フランス語訳も出た)で、悪魔との契約をはじめ魔女に帰されているいくつもの現象を、メランコリーに冒された想像力の病だとした。だから無実の人を拷問に掛けるべきではなく、また火刑で抹殺する替わりに薬草や瀉血などで治療してやるべきだとする、画期的ともいえる魔女裁判批判を繰り広げた。

ついでヴァイヤーとよく似た議論を展開したのが、イングランドのケント州生まれのジェントリで治安判事やイングランド議会の議員にもなったレジナルド・スコット(一五三八〜九九年)である。彼は、自分の関わったエセックスのセント・オシスでの魔女迫害事件にショックを受け、一五八四年に『妖術の暴露』を出版した(本章扉)。彼もヴァイヤー同様、「魔女」というのはメランコリー症の哀れな老婆にすぎず、またその妖術

図8-1　ヨハン・ヴァイヤー(同『魔女論』1577年より)

や他の超自然的現象は、聖書に根拠はなく、悪魔が詐術により人間の心を惑乱させて幻影を見せているだけだと主張する。そして魔女はカトリック教会自体が仕立て上げたのであり、その証拠にカトリックの儀式は悪魔の黒魔術とよく似ている、とも付け加えている。また魔女の犯罪とされる嬰児殺しや毒殺などは、既存の法律で訴追できる通常の犯罪に分類した。

フランスのモラリスト、ミシェル・ド・モンテーニュ（一五三三〜九二年）も魔女狩りを不合理と見た先駆的な思想家である。彼は、自ら魔女に接見した経験から、彼女らは魔女というより治療を必要とする精神病に罹っているのであり、薬を処方すべきだとした。そして個人から集団へそして集団から個人へと、どんどん肉付けされて大きく形をなしていく奇跡や怪奇現象をめぐる謬見の根本に、彼が理性の欠点を探り当てているところが卓越している。「わたしの見るところ、人間というのは、なにかの事実が示されると、えてして真相を究明するよりも、その理由を探そうとするようである。（中略）理性を勝手に走らせてみるがいい。空虚の上にも、充満の上にも、材料があろうとなかろうと、ちゃんと建築して見せる（後略）」（『エセー』第三巻第一一章「足の悪い人について」）。

一七世紀になると魔女狩り反対意見の輪はより大きく広がっていく。たとえばヴュルツブルク大学で教鞭を執るとともに北西ドイツ諸都市で司牧を務めたイエズス会士フリードリヒ・シュペー・フォン・ランゲンフェルト（一五九一〜一六三五年）は、一六三一年に『刑事的警告』を世に送り出した。聴罪司祭として多くの魔女の被告と接見した経験をもとにし、問答形式で五二の問いに答えていく同書では、噂や拷問を駆使した特別裁判によって年老いた貧しい女性が罪もないのに魔女に仕立て上げられていく、と厳しく批判した。このようなやり方をつづけていれば、国家から臣民が絶滅してしまうので、即刻すべての魔女裁判を中止すべきだ、拷問は禁止し、被告には弁護人を付ける権利があり、理性に適った方法で公正な訴訟手続きを推進していくべきだ……と力説している。

一六七七年に『いわゆる妖術の暴露』という書物を上梓したイングランドの聖職者にして科学者のジョン・ウェブスター（一五八〇～一六三四年）は、長老派から独立派、ついで洗礼派へと宗派替えをしたが、彼の考え方も一〇〇年近く前の同国人、スコットと同様であった。

もう一人、オラトリオ会修道士であり、デカルトを師と仰ぐ哲学者でもあったニコラ・ド・マルブランシュ（一六三八～一七一五年）は、一六七四～七五年に『真理探究』を書き、上述のモンテーニュとおなじく、魔女の大部分は自分の想像力に惑わされて妄想を逞しくしているのだから、狂人として扱わねばならないとした。

以上のように、魔女狩り最盛期の一六～一七世紀に、ドイツ、イングランド、フランス各国で、残忍な魔女裁判に対して一群の抗議の声が上がり、魔女とされた者の大部分は医学的な治療を必要とする病人だとする論者がいた。上に名を挙げた著名な知識人・学者たちだけではなく、修道士や司法官からもこうした不幸な者たちの「犯罪」そのものを否定する意見が少なからず出されたし、多くの医者もそうした考えに同調して戦った。

しかし残念ながら、当時ヨーロッパに主流であったのは、魔女の存在を信じ、魔女狩りを擁護する論調と世論だった。魔女として逮捕された哀れな老女を「魔女ではない」として魔女裁判や拷問を糾弾する論者でさえ、悪魔やその唆しを受けた者(魔女・妖術師)による害悪魔術の存在は認め、キリスト教の正統な教説、ひいては悪魔学の枠組み内部に留まっていたのであり、ゆえにその見解は、相対的に弱い力しか持たなかったのである。

一七世紀の悪魔憑き事件

一七世紀にはフランスを中心に、ヨーロッパで数多くの派手な「悪魔憑き事件」が発生した。フランスの三大悪魔憑き事件とされるのは、一六〇九〜一一年のエクス・アン・プロヴァンス、一六三二〜三四年のルーダン、一六四三〜四七年のルーヴィエにおけるもので、すべて修道院を舞台とする。いずれも女ではなく男、しかも司祭や良心の指導者が悪魔と結託して妖術を操り修道女らを異常な行動に走らせる、という大衆の嗜好に適った心理劇になっていた。修道女らの奇行と公開の悪魔祓い儀式、暴かれる加害者=妖術師の性癖は、その華々しい劇場性で衆目を集めた。順に検討してみよう。

最初は南仏のエクスである。エクスの聖ウルスラ会修道院において、一六〇九年半ば、地元貴族の子女で二〇歳の修道女マドレーヌ・デマンドル・ド・ラ・パルドと、カトリックに改宗したユグノーのブルジョワの娘で一九歳のルイーズ・カポーが「異常な仕草」を見せ始めた。彼女らは目を見開き、床に身を投げ、体を痙攣させた。そしてマドレーヌは悪魔の術策によりルイ・ゴーフリディ神父の顔を幻視に見た。この神父は彼女の聴罪司祭でもあり、女好きで知られる快活な美食家だった。

幻覚に取り憑かれたマドレーヌは、ドミニコ会士で異端審問官でもあったミカエリスによって、サント＝ボームという広大な洞窟に連れて行かれた。凍てつくような湿った暗い雰囲気の洞窟で、しかもマルセイユからの多くの訪問者が見守る中、彼女はルイーズ・カポーとともに毎日悪魔祓いを受けた。その結果、カポーが呼び出した悪魔により、聴罪司祭のルイ・ゴーフリディによるマドレーヌの凌辱やサバト出席など、悪行の数々が明らかになった。だがマドレーヌにも魔女の嫌疑が掛けられた。

一六一一年二月末から三月はじめにかけて、マドレーヌとゴーフリディは、三人の医師の訪問を受けた。医師らは、二人の身体に刻された悪魔の印を突き止めた。拷問に掛けられたゴーフリディは観念して自白し、サバトでの諸々の「悪行」を詳細に説明した――自分は、叔父から魔術の手ほどきを受けて以来、妖術師だった。悪魔は自分に特別な力を与えた。それは「自分の息が彼女らの鼻孔に届く限り、自分が楽しみたいと思うすべての女を愛で燃え上がらせる」というものだった。こうして彼は、もちろん哀れなマドレーヌも含め、一〇〇〇人以上の女に息を吹き掛けて夢中にさせた……。

エクス・アン・プロヴァンス高等法院は、四月一八日に「誘拐、誘惑、不敬、魔術、呪術、その他の忌まわしいこと」についてゴーフリディを非難した。裁判の結果、彼は有罪とされ四月三〇日に火刑になった。マドレーヌは修道院を離れて何年もの間、南フランス各地をさまよったが、一六五三年に再び魔女裁判が開かれ、今度は終身刑が言い渡された。

第二は、より有名な「ルーダンの悪魔憑き」事件である。一六三二年九月終わり、フランス中西部のルーダンの聖ウルスラ会修道院において、修道院長ジャンヌ・デ・ザンジュ、副修道院長ド・コロンビエ、さらにマルトとカトリーヌという修道女が「声」を聴き、かつての聴罪司祭で数カ月前にペストで亡くなったムソー分院長の亡霊が現れるのを目撃する。その後、一〇月はじめから亡霊以外に真っ黒な火の玉の形状の悪霊も出現して、修道女らを足蹴にし、投げ倒し、肩に乗っかったりと、やりたい放題に責め立てた。恐怖に囚われた修道女らは大声を上げて叫び、痙攣してのたうち回り、服を脱ぎ捨て、修道院の屋根や木に登り、猫のように鳴き、顔をしかめ、悪態を吐き、恐ろしい声で吠え叫び、猥褻な言葉を吐くなど、毎夜、大騒ぎになった。雨風をものともせず、数日間、絶食状態でそこに留まることもあった。悪魔祓いが行われ、苦しくて存在を露わにした悪霊数名に立て続けに質問がなされた。悪霊に去るように命じると、取り憑かれた女らはさらに歯ぎしりし、咆哮し、暴れ回った。エロチックな悪魔祓い劇場は、ルーダンの教会に二〇〇〇人近くの観衆を集めて行われることもあり、彼らの下劣な欲情を満たした。

悪魔に取り憑かれた女が口にしたのが「ユルバン・グランディエ」の名だった。彼は口達者なルーダンの主任司祭・イエズス会士で女癖が悪く、教え子や既婚夫人を手籠めにした廉で逮捕された前歴があった。悪評嘖嘖《さくさく》、カプチン会士やカルメル会士には敵が多かった。嫌疑を掛けられた彼はそれを否定するが、悪魔が憑依した修道女らの告発はやまなかった。

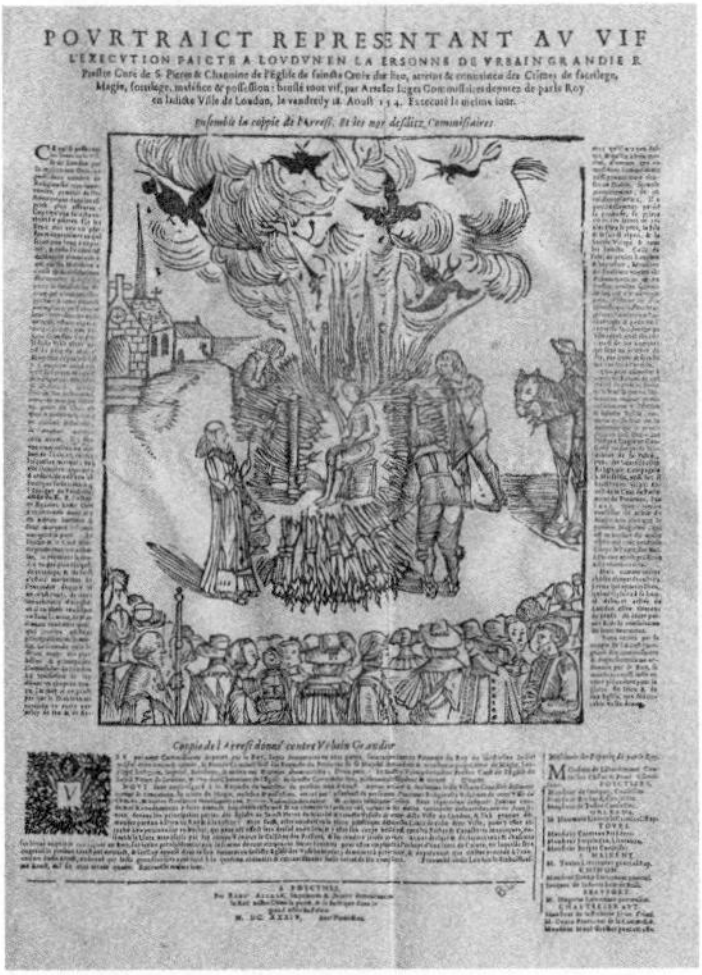

図8-2　ユルバン・グランディエの火刑（1634年の刷り物）

裁判は一六三四年四月から八月にかけて行われ、聖職者、司法官、医者らの列席の下、調書がまとめられる。意見を求められた医者や天文学者たちの中には、修道女らの奇行は悪魔のせいではなくメランコリーによるのであり、そこにあるのは自然の原因だけだと発言する者もいたが、結局は「呪い」の妖術が行われたとの結論になった。その「呪い」の妖術は、あらゆる罪――殺人、瀆聖、異端、背教、神への憎悪、反自然の性交など――がその中に含まれる大罪と見なされて、グランディエは一六三四年八月一八日火刑に処された。

第三の大きな悪魔憑き事件が、ルーダン事件から一〇年ほどしてノルマンディーのルーヴィエで起きた。舞台はまたしても女子修道院、厳格な閉居を守るサン＝ルイ・エ・サント＝エリザベト修道院である。

この女子修道院では、光明派的な神秘主義霊性の襲来による混乱もあって、一六四三年二月までに幾人かの修道女が聖体の秘蹟に与るのを拒否し始めた。そして彼女らは天使や悪魔が登場する不可解な幻視を見、激しい痙攣や四肢の捻れ、床上での転回、叫喚、放屁、失禁をし始めた。錯乱はやまず、五人が悪魔に憑かれたとして悪魔祓いが行われた。

そして一人の修道女が司祭マテュラン・ピカールの「遺体」によって取り憑かれたと主張したところから、エヴルー司教の決断で、三月三日、修道院礼拝堂にある埋葬地から同司祭の遺体が掘り起こされ、さる土地の溝に捨てられた。また修道女らから妖術の行使を告発された修道女マドレーヌ・バヴァンは、逮捕され教会の牢に入れられた。尋問に答えてマドレーヌは、修道女らの霊的指導者でもあった司祭ピエール・ダヴィドやその後継者ピカール、さらにその死後あとを継いだ助任司祭トマ・ブーレの乱倫を訴えた。彼らは修道女に裸踊りをさせ、聖体冒瀆し、何度も妊娠させ、自分も連れて行かれたサバトでは嬰児を殺害して、毒薬作りをしたなどと訴えた。マドレーヌは三月一一日、エヴルー司教により魔女の嫌疑で投獄された。

その後、本件を調べるため、一六四三年八月下旬に権威ある学識者たちから成るパリ高等法院の国王委員会が到着し、取り憑かれた一八人の修道女らの異常な身体変化、痙攣と歪み、隠された知識、古典語による悪魔の命令などについて憑依の症状を確認した。委員のうちの医者の中には集団ヒステリーにすぎないとの考えもあったが、他の者らにより否定された。

同年一二月からほとんど毎日行われた悪魔祓いの儀式は、夥しい見物人を集めて実施されたが、そこでは司祭・修道士・修道女らの裸足の行列、長々とした悪魔の演説、修道院の各所での呪符探しといったイベントがあった。悪魔に憑かれた修道女が示した地面を掘って呪符が発見されるたびに魔術が解けてゆくようで、人々にある程度の解放感をもたらした。

一六四七年八月二一日、ルーアンの高等法院はこの事件について最終判決を下した。悪魔憑き現象と憑かれた修道女らの話を疑問視する者もおり、医者の中には悪魔憑きなどではなく、聖なる独身生活をつづけてきたために妄想を生んだ精神の病(メランコリー、ヒステリー、妄想病)と診断する者も少なくなかったが、地方の医者の多くは悪魔憑きを固く信じており、後者が地方の教会人によって支持された。

結局、トマ・ブーレ神父は逮捕され、拷問の挙げ句自白、マドレーヌが告発したもう一人の司祭と同時に処刑された。そして告発者だったマドレーヌ・バヴァン自身も魔女と断じられた。死刑は免れたものの終身禁固刑で投獄され、六年後に死んだという。

＊

以上の大きな反響を呼んだ三大悪魔憑き事件以外にも、一六世紀後半から一七世紀後半にかけて、フランス、オーストリア、アルザス、ロレーヌ、ベルギー、イングランドなどヨーロッパ各地で悪魔憑き事件が発生し、修道女らのセンセーショナルな身体奇行劇が連鎖的につづいた。

これらの悪魔憑き事件は、いずれも耳目を集め、当時の情報メディア（パンフレット、版画、ブロードシート、絵入り新聞）の寵児となったのだが、また同時に人々の悪魔や魔女に対する考え方を改めさせる契機を提供した。悪魔憑き事件では、注目される人物は、もはや魔女ではなく、その犠牲になった憑依者なのであり、また多くの魔女事件のような田舎が舞台ではなく、都会の修道院で展開した。そこで繰り広げられる異様な色欲沙汰に巻き込まれた男女の間の一種の心理劇は、一般の魔女狩りのように血生臭くはないのだが、裁かれたのが司祭という、教会組織を土台から支える存在だったことが大いに関心を集めた。そして教会内部の浄化と聖職者改革の喫緊性の象徴として、遠くまで谺《こだま》することになった。

その後、裁判官・医者・神学者らがこれらの事件を議論し、大部分が捏造であること、それらは当該修道院をめぐる党派争いと政治的利益に起因することが明らかになった。まだ悪魔祓いがまったく無用になったわけではないにせよ、一七世紀の終わりまでには公の大規模な悪魔祓いは姿を消し、スキャンダルの発生した場所でひっそりと行われるようになった。

イエズス会士の歴史家・思想家ミシェル・ド・セルトーは、その著『ルーダンの憑依』の中で、ルーダンをはじめとする一連の悪魔憑き事件は、理性が台頭しながらも、いまだに魔術や悪魔に取り憑かれていた人々の、未来に対する大いなる不安を示しているものだと解釈している。それらは、理性と宗教とが、超自然現象の正当・不当、確実・不確実を争う派手な訴訟なのかもしれない。だがそれらが世評高い事件になったのは、人々が妖術や超自然現象を信じていたからというよりも、そのいかにも珍妙でエロチック・グロテスクな劇場性と、背景の政治性に起因した。その裁判が終わると憑依自体が色褪せて、言説はうさんくさくなり、恐怖を誘う超自然現象は珍奇なペテンに化していった。

派手な悪魔憑き事件は、フランスじゅう、いやヨーロッパじゅうの人々の好奇の視線を集めたが、まさに劇場の出し物のように幕が下り、長続きしないのである。それは神秘的で感情的な精神性の後退を象徴するいわば分水嶺であり、この時期を境に、魔女狩りも終息した（後述するフランスにおける一六八二年七月の勅令)のは頷ける。魔女や悪魔憑きを自称する者がいても、彼女らは病人か、さもなければペテン師なのだ。実際、一七世紀後半から一八世紀にかけて、「偽魔女」「偽魔術師」「偽悪魔憑き」があちこちに登場し、軽信者らから金を巻き上げて社会を混乱に陥れる事件が頻発したが、彼ら/彼女らは魔女の罪ではなく、詐欺罪、軽犯罪として処理された。犯人には貧者、浮浪者のほか多くの司祭がいたそうだ。

高等法院の開明的態度

次に、フランスにおける魔女狩りの沈静化に高等法院が力を添えた点に注目してみよう。合理的な立証を心掛けていたパリ高等法院の評定官らは、魔女の能力を頭から信ずることなく、明確な物証、疑いの余地のない証言や自白なしには有罪とはしなかった。したがって同時代のドイツなどに比べて比較的寛大な判決を下す傾向があった。

すなわちフランスの下級裁判所で言い渡された妖術案件の判決は、一六二四年には上級審に当たるパリ高等法院に必ず上訴せねばならなくなったが、それは自動上訴制度(職権上訴制度)であり、被告が望む必要もなかったのである。この制度により、第一審はただ参考意見を提供するだけで、再審でまたやり直された。実際一五六五〜一六四〇年の下級裁判所での死刑判決確定事案四六三件のうち七六%は覆されて、回避された。

さらに一六四〇年になると、パリ高等法院の評定官らは自分たちでは妖術を悪魔との契約や神への大逆罪として裁かないことに決めた。おなじ考えはその後、ディジョンやトゥールーズなど他の高等法院にも徐々に広まっていった。かつて妖術や魔術とされてきた案件は、毒薬作り、瀆神、不敬罪としてのみ告訴され裁かれるようになり、したがって火刑ではなくより軽い刑（追放や罰金）に処され、ときには無罪釈放された。

こうして一七世紀には、高等法院の評定官は妖術犯を罪に問わなくなっていき、極刑は例外中の例外になった。また高等法院の裁判は拷問に頼ることはなく、下級裁判所が拷問をするのにも難色を示した。

このパリや地方の高等法院の動きは、国家理性の発動、公共善の名の下に地方の過激な魔女狩りを抑える運動の一環であった。彼ら開明的な司法官は、最先端の医学、数学、神学、自然学の知的サークルとも書簡のやり取りなどで繋がっており、まさに先駆的な啓蒙主義者とも評しうる。彼らは、平和と秩序を乱す方向に暴走する下級裁判所の熱狂と手続き不備の犠牲となった魔女を救うことで、王権とその司法の威信・権力を高めようとしたのである。

地方の高等法院がなかなか同調しないときには、王自身が介入した。たとえば一六七〇～七二年には国王とその国務会議が、魔女・妖術師に死刑を宣したボルドー、ルーアン、ポーの高等法院の判決を破棄することに決め、魔女の訴追をやめさせた。ついには一六八二年七月の勅令で、魔女の妖術を法的に訴追することがフランス全土でできなくなり、同国の魔女裁判は終わりを迎えるのである。

イングランドではもともと魔女狩りは緩和されていたが、完全な終息はほぼフランスとおなじ頃で、最後の魔女の処刑は一六八五年である。この魔女狩りの終焉には、一六八二〜一七一〇年に王座裁判所長官を務めたジョン・ホルト卿の功績が大きい。彼は自身が審理した魔女裁判で、被告すべてを無罪釈放にした。その頃から魔女理論は疑問視され、馬鹿にされ、印刷物やコーヒーハウスの談論でからかわれるようになった。そして魔女告発自体が減少していき、実際に裁かれ処刑される例はほとんどなくなった。一七三六年に魔女対策法が廃止されたのが、法的な区切りである。

フランス、イングランドより魔女狩りが早く終わりを告げたのはオランダ王国で、一六世紀末以前には事実上止んでいた。

他の国々については、魔女狩りが完全に終息するにはさらに一世紀ほどかかった。もっとも魔女狩りが荒れ狂ったドイツは、領邦によって異なるが、一八世紀半ばから後半までつづいた所が多い。北欧や東欧でも終息が遅れたことは、第1章で見た通りである。最後の魔女の処刑の年は、スコットランドが一七〇六年、アイルランドが一七一一年、スウェーデンが一七一〇年、ハンガリーが一七五六年、ポーランドが一七七五年といった具合だ。ちなみにヨーロッパにおける、妖術を罪状とする最後の公的に裁可された処刑は、一七八二年のスイスで行われた。その後はヨーロッパのいずこでも、妖術は犯罪ではなくなった。

刑事訴訟法的に見れば、自白至上主義の廃止、拷問の制限・禁止、中央の上級裁判所による下級審のコントロール成功などのおかげで、裁判所は魔女の妖術の訴えがあっても起訴しなくなり、たとえ起訴してもほとんどが無罪釈放となったのである。

理性への信頼と啓蒙主義

こうした法的な変化の背後には、世界観・自然観の変化が潜んでいた。すなわち医者だけでなく、裁判官や法学者らが、妖術の結果とされるものは悪しき超自然の作用によるのではなく、自然的原因で説明できると考え始めたこと、さらに言えば、悪魔やその手下たる魔女の存在が、多くの人々の間で疑問視されるようになったという心的背景があった。これは、上で一七世紀の悪魔憑き事件を論じた際に指摘した論点でもある。

フランスをはじめヨーロッパ諸国において世俗化が進み、政治から文化に至るまで生活全般へのキリスト教の規範力が弱まると、スコラ学的な思考システム——悪魔学はスコラ学の上に成り立っていた——が懐疑の目で見られ、神の秩序とは別のものとして、宇宙と自然を科学的に説明しようという気運が高まってきた。そして一七～一八世紀にかけて、合理主義的な考え方が一部の学者だけでなく一般の人々にまで徐々に広まっていった。すると悪魔学的な思想も、かつて魔女狩りを推進した司法・宗教エリートが非難した田舎の迷信や呪術とおなじほど不合理なものと見なされるようになったのである。

図8-3　バルタザール・ベッカー(17世紀後半の版画)

　この流れに決定的な推進力を与えたのがルネ・デカルト(一五九六～一六五〇年)の機械論的自然観であり、また懐疑論的哲学だというのが通説である。理性のみに従って人間・世界・宇宙の秘密を解き明かそうという彼の世界観が、魔女概念の礎を崩していったのだとされる。その証拠として引き合いに出されるのが、オランダのカルヴァン派の牧師でアムステルダムで説教師を務めたバルタザール・ベッカー(一六三四～九八年、図8-3)とその著書『魔法に掛けられし世界』(一六九〇～九一年、全四巻)の議論である。デカルトに倣って宇宙を一種の機械と捉え、それが不変の自然法則に従って秩序正しく機能すると考える彼は、悪魔に帰されてきた支配力と能力は、理性にも聖書にも反する迷妄だとし、サバトや悪魔との契約などこの世にはなく、だから魔女の妖術もありえないと結論づけた。悪魔の存在は否定しないまでも、それが人間世界に物理的に力を及ぼすという考えは退けたのだ。

おなじくデカルトの懐疑思想の影響を受けて魔女概念を否認したのが、哲学者・法学者で一六九四年プロイセン王国のハレ大学創設に尽力したクリスティアン・トマジウス(一六五五〜一七二八年)である。ドイツ啓蒙主義の代表者である彼は、もともとは魔女の存在を信じていたが、シュペーやベッカーの影響を受け、法学的にも神学的にもそれには正当な根拠がないと考えを改めた。そして悪魔の物理的・感覚的な存在、悪魔との契約、悪魔と魔女との愛人関係を立証不可能と否定して魔女裁判を理論的に葬り、裁判官に対しては慎重厳密な訴訟手続きを求めた。またより一般的には、法律そのものを霊的影響から解き放して自然法に基礎づけるべきだ、という立場を取った。『魔術の罪について』(一七〇一年)が関連する主要著作である。

ただし、である。デカルト主義がもとになって自然と世界の理性的な理解が広まり、自然科学の分野における神学の権威の箍《たが》を大いに弛《ゆる》める。さらに一八世紀になると理性尊重の啓蒙主義が、モンテスキュー、ヴォルテール、ディドロ、ダランベールらにより権威・因習・伝統打破のため推進され、それが論考、意見書、諷刺文、そしてとりわけ都市のカフェー、サロン、クラブ、フリーメーソンの会所などでの談論を介して、広範な社会層に伝わって日常生活全般が「脱魔術化」する。すると人々は宗教的熱狂に陥ることはなくなり、悪魔の人間界の出来事への介入なども信じられなくなって魔女狩りは消滅した……というのは、分かりやすい道理かもしれないが、どこか現代人に心地よい進歩史観の物語にしてしまっているのではないか。合理的・機械論的宇宙観や理性尊重の懐疑主義が、そのまま人間の不条理な行動を抑制するわけではない。むしろ理性という認識の機械装置の根源的動力因は、人間の内部に潜む非合理な衝動なのであり、合理と非合理がたやすく入れ替わることは、二〇世紀の次なる蛮行——ナチス・ドイツ——を見れば明らかだろう。

魔女のグローバル・ヒストリー

本書では魔女を、一五世紀から一八世紀にヨーロッパ各国で裁かれた、つまり魔女裁判の対象になった女性——と一部の男性・子ども——に限って議論してきた。そのほうが魔女と魔女狩りの歴史的な要因や意味を綿密に考察できるし、ヨーロッパ近世、あるいはより広くはヨーロッパ文明の本質が見えてくると考えたからだ。

だが近年では、ヨーロッパ以外にも魔女と魔女狩りの概念を広げる思潮が登場してきた。しかもそれは歴史上の過去の事件だけでなく、現代世界の政治・社会問題あるいは国際的な文明批判の運動にもなっている。これを魔女のグローバル・ヒストリーと呼んでよいだろう。

そのうちひとつは、ヨーロッパ／キリスト教圏以外で特定の人たちが「魔女」として裁かれる事例への注目である。もうひとつの潮流は、現代文明へのアンチテーゼとして、自然の枠のような魔女らの意義を蘇らせようという、欧米先進諸国における環境／反現代文明の運動と絡んだ動向である。

前者から始めよう。まさに本来の魔女とおなじく、社会のスケープゴートとして犠牲になる悲惨な魔女たちが、現代でも少なからずいる。その場所は中南米であり、アフリカであり、インドである。多くの場合「キリスト教」という要件がないものの、彼女らが魔女に仕立て上げられるプロセスはヨーロッパ近世の場合と似ている。

中南米では、植民地化以前にも吸血魔女やシャーマン的な魔女——というより呪術師——がおり、後者は動物への変身、空中飛行、占い、治療、呪術での自然力統御などの超自然力で知られたが、スペインによる植民地化により彼女らは悪魔視され、一六世紀後半にはキリスト教的観念と融合して、ヨーロッパのものに類似した「魔女」になったのである。メキシコ、ペルーやブラジルでは、宣教師は植民後、害悪魔術を行うこうした魔女を探索したし、住民らは発見した魔女とその家族を殺害した。

だが異端審問においては——スペインでもそうだったが——彼女らの業を妖術としてよりも呪術として裁こうとした。まじない・呪文、悪霊の助力を得ての宝探しなどの呪術である。だがときには、悪魔との契約、サバトなどについての自白が得られた。一六〜一七世紀にカルタヘナの裁判所は一六九、リマの裁判所は一三六、メキシコの異端審問所は七四の案件をそれぞれ裁いた。一八世紀には、リマとメキシコでの訴訟案件はよりふえていった。だがいずれにおいても、悪魔と魔女に関わる妖術を罪状として死刑になった者はいなかった。ブラジルは特殊で、主人に陰謀を働いたアメリカ先住民、そしてとくにアフリカ人奴隷たちが標的になった。

アフリカではどうだろうか。超自然的な力を呼び出して人畜への害悪をなす、という点ではヨーロッパの魔女とよく似ていても、神に対抗する悪魔と契約を結んだ魔女、セクトをなした集団的存在の魔女という概念はここにはあまりなく、あくまで個人の、悪しき呪術師が標的となった。また魔女は祖先から魔女の霊を受け継ぐとの――ヨーロッパと同様な――考え方もあった。アフリカでの魔女狩りは昔から部族単位で行われていたが、植民地時代には沈静化した。ところが植民地から解放されて自由になると、魔女に味方する植民地時代の法律が現地民を憤らせていたこともあり、内戦が勃発したり地方軍閥が跋扈したりして政情不安・社会不安が高まると、魔女狩りが起きやすくなったのである。

一九世紀から二〇世紀にかけてリンチ殺人に近い魔女狩りの記録が残っているのは、南アフリカ、マダガスカル、ボツワナ、ジンバブエ、アンゴラ、コンゴ民主共和国、ウガンダ、カメルーン、ナイジェリア、ガーナなどである。

今日でさえ南アフリカなどサハラ以南では、天候不順による穀物の不作や牛乳不足、原因不明の死亡や事故、さまざまな病気の蔓延に絡んで、魔女狩りが頻繁に起きている。南アフリカ北部のリンポポ州では、一九九六～二〇〇一年に六〇〇人以上の魔女が虐殺された。タンザニアでも二〇世紀末以降、魔術で人を殺したり病気にしたり不遇にしたりという廉で、主に老女数百人が怒れる村人によってリンチ殺人に遭った。コンゴ共和国でも二〇〇一年、八〇〇人以上の魔女が殺害され、ケニアでも同様の惨状に見舞われた。

現代のアフリカにおける魔女迫害は、経済不況、飢餓危機、伝染病（とくにＨＩＶ）の恐怖、社会的緊張などを背景としている。汚職、民族紛争、イデオロギー対立などでアフリカの多くの国々の政権が弱体化して、そのことが「有害な呪術師」＝魔女に対する大規模な迫害の下地を作ったのである。迫害は主に自警団やカルト集団によって実行されている。

驚いたことに、アフリカのいくつかの国では魔女狩りを禁止するどころか、それを利用して政治の不安定を克服しようとしている。たとえばウガンダやカメルーンでは、政府が魔術容疑者を長期の勾留刑にするのを認めており、そのために「魔術防止と魔術処罰に関する法律」「反魔法五カ年計画」を制定したり、ラジオなどの広報手段で宣伝したりしているという。ベナン人民共和国では、社会主義を推し進めようとした若い指導者らが、貧富の差が拡大し民衆が搾取されたのは、妖術を使う魔女と妖術師の責任だとして一九七五年彼女らへの戦いを宣言し、民衆を煽るために宣伝の切手まで発行した。

なおガーナではつい最近（二〇二三年七月二八日）、妖術を使ったと非難された人々を保護する法案が国会で通過し、彼女らは虐待や追放から法的に守られることになった。

インドの魔女狩りも知られており、イギリス植民地時代だけではなく、独立後も何千人もが魔女・妖術師として殺害された。何者かに髪を切られる事件が連続して魔女の仕業とされるケースや、その土地を手に入れたい男性親族が、子どものいない寡婦を魔女と告発、極端な場合はリンチ殺人となってしまうケースなどが伝えられている。魔女はたとえ殺されなくても村から永久追放され、その家族は汚名を着せられた。

カウンター・カルチャーとしての新魔女運動

殺害される魔女がいる一方で、現代文明のカウンター・カルチャーとして自ら魔女たる道を選んで生活をしている女性たちが、最近のブームである。

一九二一年、エジプト学者マーガレット・マレーは『西欧における魔女崇拝』で、一九世紀半ばのグリム兄弟などの考え方を引き継いで、近世ヨーロッパで魔女狩りの対象となった魔女の起源を、キリスト教以前の太古の時代から存続する異教の豊穣女神に求めた。つづいて彼女は『魔女の神』(一九三一年)を上梓して、魔女を古来の有角神崇拝および神聖なる生贄儀式と結びつけた。マレーによる拡大概念が刺激となって、第二次世界大戦後、英米で多神教的な自然崇拝の新魔女運動――ウィッカが代表――が展開した。ここでの魔女は、キリスト教によって悪魔視される以前の、叡智を備えた「賢女」、豊穣を実現するために悪の力と戦う善霊の権化である。

こうした運動の指導者としては、マレーの議論を踏襲したジェラルド・ガードナー(一八八四〜一九六四年)が有名だ。英国リヴァプール近くで生まれたガードナーは、森の魔女ドロシー・クラッターバック老から魔術の手ほどきを受けたとされる。彼の著書『今日の魔女術』(一九五四年)はマレーの影響下に書かれており、キリスト教以前の土着の信仰、多神教的世界観にもとづく現代魔術のバイブルと持ち上げられ、大きな反響を呼んだ。だが学問的な検証に耐えない思い込みや誤解に満ちていることは、指摘しておかねばならない。

ガードナーの「ウィッカの魔女集会」——ウィッカとは新しい魔女のこと——は組織化され急速に成長した。そして移民を通じて英国からアメリカに伝わり、さらにはヨーロッパにまで支部ネットワークを広げていったが、一九六〇年代以降にはいくつかの分派に分裂した。ガードナーの考えるウィッカとは、大地母神たる女神と男神を崇拝し、儀礼は基本的に豊穣儀礼から成っていた。ガードナーの影響下に教義と実践を工夫していった伝統派は、その全体をまとめてネオペイガン(新異教派)と呼ばれている。

彼以外にも、多くの心霊研究家や学識ある若い「魔術師」——ハンス・ホルツァーやスターホークら——が魔術の啓蒙本やマニュアル本を書いたり、新たなカヴン(カヴンとは肉親以上の深い絆で一生涯結ばれた数人から十数人の魔女の小集団)を結成したりした。場合によっては、ガードナーに淵源するウィッカとは色合いの異なる魔女も現れて、新流派が多数登場し、それらの中には一九六〇~七〇年代に世界を席巻したサブカルチャー、アングラ文化と絡み合うものもあった。

ところでこうした新しい魔女運動は、一九六〇年代末にはフェミニズムに結びついた。フェミニストの魔女は、家父長制的宗教、とくにユダヤ教とキリスト教の神を拒否しており、ほとんどの規約では――男女の二人の神に替わり――女神のみを崇拝している。またヒエラルキー構造に憤慨する傾向があり、平等主義をめざした。

一九七〇年代に入ると、新しい魔女の運動は自然保護・環境運動とも結びつき、ときに政治化した。そもそも新しい魔女のもっとも普遍的な特徴は、神の住処たる自然への愛と崇拝だった。人間を自然に敵対させるユダヤ教やキリスト教の伝統とは対照的に、新しい魔女たちは地球を女神の現れであると認識して、愛し崇拝する。魔術の儀式と祭りは、季節、月の満ち欠け、その他宇宙の自然なリズムに同調しており、したがって魔女たちは占星術、薬草学、呪文、降霊術、占い――タロット、ルーン文字、水晶、小振り子、夢解釈杖を使用――など、さまざまな種類の魔術――なかには性行為を思わせるものもある――を豊富に実践している。夥しい書籍が出版されて、自己イニシエーションや数々の儀式に関する新しい指南書をどんどん広めている。

こうして欧米の魔女は今、フェミニズムや環境保護の運動をも取り込んだスピリチュアル運動、魔女カルチャーの主役となっている。そのためのいくつかの実践的テクストがあって、各流派それぞれが特徴ある儀式を行っている。現在、どのくらいの数の魔女がいるのか正式の統計はないが、二〇一四年の調査では、アメリカ大陸のみで一〇〇万から一五〇万人のペイガンが存在するという。現在では、欧米のみか日本をはじめアジアにも「新しい魔女」は進出しているので、その数は倍増しよう。

いずれにせよ、ヨーロッパやキリスト教という限定をはずした人類学的な魔女観念と、そうした考えを糧にした者たちの組織作りは、まさに現代風のグローバルな魔女現象であろう。

おわりに——魔女狩りの根源

魔女研究にはすでに分厚い研究史の蓄積があり、魔女現象(魔女の出現と魔女狩り)の原因や背景については、多くの説明がなされてきた。それらの説明は宗教(異教的慣習とキリスト教、カトリックとプロテスタント)、法・制度、社会・経済状況のいずれかに重点をおいている。だが、個別の時代・地域における魔女現象について説得力ある説明ができたとしても、それを他の時代や地域にも適用させられるかどうかは別問題である。

時代・地域によって魔女の特徴、その追及方法の原因や状況が異なり、一括した説明など寄せ付けない複雑な現象だというのが正しいとしても、それでも苛烈な魔女狩りが、ほぼ一六〜一七世紀のヨーロッパに局限されているからには、それらをまとめて「説明」し「理解」する方法があるはずだ。それゆえ本書では、これまでの専門研究の成果を援用しつつも、総花的な列挙・紹介にならないよう、はっきりとした見通しを立てて議論してきたつもりである。

では、これまでの議論をまとめて本書の結論としよう。

①魔女の出現と魔女狩りのほぼすべてに共通する基本的要因としては、「魔女妄想」の形成

がある。妄想の完成形は、悪魔学者の著作にとどめを刺し、「悪魔との契約」「異端セクトとしての魔女」「害悪魔術」「サバト」などが必須項目である。

これは一方で、キリスト教における古代末期からの異端や悪魔・悪霊の力などについての教理の蓄積がもたらしたもので、教父・神学者、教皇・公会議、悪魔学者らによって練り上げられていった。魔女妄想として形を整えていくためには、文字を媒介に伝えられる学識的なキリスト教教理のみではなく、その素材の大きな部分が、民衆の間に広まり日常生活の座標軸となっていた呪術的な世界観から汲み取られた。それは異教的・呪術的世界観で、口頭伝承で伝えられ、中心に「賢女」がいるような信仰である。異教的な呪術は一種の白魔術で、悪魔的な害悪魔術=妖術=黒魔術とは区別されていたが、聖俗エリートたちは両者をごっちゃにして黒い色に染め、また自分たちの教理の枠組みに組み入れて魔女妄想としたのである。

民衆はエリートが敷設した新たな導水路に流れるのが、元来自分たちが日常的に信じていた信仰の水そのものだったので、エリートらの宣伝・教化に影響されて「白」が「黒」に見えるようになるや否や、自ら進んで次から次へと「魔女」を告発し抹殺して安心立命するようになったのだろう。では司法エリートたち自身は、魔女妄想を信じておらず権威と支配の道具として利用しただけなのかというと、それも違う。悪魔学者らの著作からは魔女の存在への憑かれたような確信が伝わってくるし、司法官らは裁判中、魔女とそれを支える悪魔・悪霊を恐れてその妖力が自分たちに及ばぬよう必死で防護策を講じた——魔女との視線・身体接触の忌避、祓い清めた塩の携行、香焚き・燻蒸、悪魔祓い——ことからも、その確信は裏付けられる。

魔女裁判は民衆によって始められたのか、それとも当局が焚き付けて開始したのかという疑問がしばしば提起される。単純には言えないが、一方では共同体からの働き掛け、他方では国王や領邦君主および司法官らの決定、という相互関係がある。下からの訴訟開始プロセスへの欲求が、上からの「青信号」で走り出すのである。

② 魔女が魔女たるためには、必ず「裁判」を経なければならなかった。裁判とその結果を無視したリンチ殺人もあるし、魔女との噂を立てられただけで捕縛されなかったケースもあろうが、あくまでも中心は、裁判に掛けられて有罪となった魔女である。だから二つ目の主因は、裁判制度とその運用に求めねばならない。(a)一二世紀にローマ法が復興しそれが一五世紀以降に刑事裁判の展開を規定したこと、(b)異端審問制の成立とそこで採用された糺問方式の訴訟手続きが世俗裁判所にも普及したこと、(c)前記(a)(b)と絡むが、魔女犯罪を「例外犯罪」「神への大逆罪」と位置づけ、「特別訴訟手続き」を認めたこと、とりわけ「拷問」を恣《ほしいまま》に利用できるようにしたことである。

③ 魔女妄想が育まれる現場が必ずあった。それは村や中小都市での日常生活である。自然、経済、政治の情勢変化により、かつて調和しそれなりに秩序が保たれていた共同体が分裂し、

隣人の間に感情の行き違いが生じて妬みと悪意が生まれる。そこに何か普通ではない災厄が起きると、静かに蟠《わだかま》っていた魔女妄想が声を上げ、大きな噂になり、スケープゴートに狙いを定めて表舞台に引きずり出すのである。

その当初の典型は、呪術に通じた「賢女」やそれに類した異人たちであり、また古くからのしきたりや伝統のみに縋って新規な生活規則を受け付けない老人、とりわけ老女であり、縁者のいない外来の女性だった。

以上の①〜③が、ヨーロッパ近世における魔女現象の原因の基本形だった。だが時代とともに、また場所によってはそれら基本形から別の形へと派生展開していった。

まず魔女の性別・身分・年齢は派生が起きやすく、都市や農村の政治・経済の主導権争いと絡む所では、魔女狩りが家門間・党派間の争いの道具になり、また中下層民に加え、市長や参審人、医師、官吏や聖堂参事会員などの上流市民・貴族・聖職者が多数告発されていく。当然ながら、こうした形態では男の〝魔女〟(妖術師)の割合がふえていく。さらに子どもの〝魔女〟(魔児)が累増することもあるが、これは家族関係の破綻とともに、カトリック・プロテスタント両宗派圏内での「文化変容」と「社会的規律化」が誘い水となる。以上の派生形は、いずれも一六世紀後半以降の後期の魔女に特徴的な現象である。

もうひとつ、一般に一度の魔女狩りでは十数人の魔女を火刑台送りにすれば終わりだが、それが何百人と膨れ上がる大規模魔女狩りは、熱狂的な君主がいる場合や、民衆の魔女狩りへの異常な熱意を、君主とその周辺がコントロールできなくなるときに現れ、その場合にも魔女の性別・身分・年齢の典型像は崩れていく。かような激しい魔女狩りは、神聖ローマ帝国の中小領邦、とりわけ領主司教のいる所やフランス王国やスペイン王国の「辺境」で頻発した。

こうした派生体の魔女狩りにおいても、①の「魔女妄想」が生きていたのは間違いあるまい。心底信じておらずに、こじつけや準《なぞら》え、ひいてはパロディーとなっているケースもあったろうが、いずれの魔女狩りも、魔女妄想を共有している者たちの間で生起したのだと私は思う。

逆に「魔女妄想」が完全に真実味を欠いて、告発の動機になりえないくらいに現実と乖離していったとき、魔女狩りは消滅した。それは知的サークルにおいて、機械論哲学、理性重視の懐疑主義や啓蒙思想が流行し、やがてそれらが民衆の広い裾野へと伝播していって世界が「脱魔術化」したためであり、国家の理想がキリスト教的な神聖国家ではなくなり、また君主と当局の使命が臣民の魂の救済や神の栄光のための戦いから平和と安寧の実現へと変わったためだと、一応は考えてよいかもしれない。

だが、現代でもなお頻発している、アフリカやインドの魔女狩り(リンチ殺人)は、魔女狩りの人類学的な基層を推測させる。人類は、どうしても対処・解決する手段がない異常な困難事象に遭遇したときに、絶望する替わりに魔術的儀式に頼って不安を解消してきたし、今でもしているのならば、姿形は変われど、魔女狩りに類した蛮行は今後も世界じゅうで起こりうるだろう。否、魔女狩り終息後の近現代においてもユダヤ人迫害や黒人差別を繰り返してきたヨーロッパは、そうした人類共通の暗い人間性・社会性の基層に、ヨーロッパ一流の形式合理主義を組み合わせており、いっそうたちが悪いように思われる。

ヨーロッパ史の光と闇はいつも一体だ。ヨーロッパ精神の旅路をロマネスク期からずっと追っていくと、ヨーロッパ文明というのは、明るく光れば光るほど、隠された闇も深くなる。別の言葉で言えば、ヨーロッパ流の合理主義は、その裏に不合理をつねに隠しているのではないか。理性的・合理主義的でないから魔女狩りが起きたのではなく、理性が陥りやすい罠に深々とはまったからこそ起きたのだ。そのことは一六世紀のモラリスト、モンテーニュが夙《つと》に洞察していた通りである。

あとがき

私が『魔女と聖女——ヨーロッパ中・近世の女たち』(講談社現代新書)を上梓したのは、もう三〇年以上前になる。これは魔女と聖女という両極端の女性イメージを中軸に据えて、それらに一方で拘束されながら、他方で利用・超克して生きた逞しいヨーロッパ中近世女性の歴史を素描したもので、本格的に魔女を論じた書物ではない。魔女については、監修、監訳、編集の仕事がかなりの数舞い込んできたほかは、『思想』二〇一八年一月号の特集「魔女研究の新潮流」中の論文「魔女のダンスとサバトの成立」しか自身の業績はこれまでなかった。

私の原点はあくまで中世の半ば「ロマネスク期」だと思っているので、魔女狩りの時代は少し専門から遠い。それでも今回、自分で一冊書いてみようと思い立ったのは、ロマネスク期に成立したヨーロッパの心的世界が、いかにしてまったく様相の異なるものへと転身したのかとの疑問を解きたかったのが理由のひとつ、そして問いは重なるが、もうひとつは、魔女狩りという信じがたい兇行がドイツを中心にヨーロッパ各国で熱狂的に行われて数多くの女性が火刑台の露と消えたのが、なぜ「ルネサンス」と「宗教改革」そして「科学革命」という、近代の黎明を告げる出来事の起きた、まさにその時代（一六～一七世紀前後）なのか、という疑問が頭から離れなかったからである。

魔女については、日本でも相当な蓄積があり、牟田和男、黒川正剛、小林繁子らがそれぞれ優れた仕事をしているし、さらに法制史分野での関連する専門論文もかなりの数に上る。こうした専門家をさしおいて、またすでに日本語で読める魔女関連文献が相当数ある今、私が書く意義はあるのかと自問したが、魔女狩りをヨーロッパの本質に迫るサーチライトと見立てて、私なりに冒険してみてもよいかな、と考えた次第だ。

二〇世紀そして二一世紀になっても、人間は戦争という愚行を繰り返しているし、ホロコーストや民族浄化というおぞましい蛮行もまた現代史の一齣だ。犠牲者数のみ取り上げれば、魔女狩りは過去の小さな汚点として霞んでしまうかもしれない。だが読者は感じてくれるだろうが、使命感に燃えて魔女狩りに邁進している人間たちの姿は、たとえようもなく不気味だ。どうして近世ヨーロッパの人々はこんなことをしたのか！

本書執筆を勧めてくださったのは、岩波新書編集部の杉田守康さんである。杉田さんは、温厚ながら逆らえない口調でタイミングよく原稿を催促し、また細かな点まで文章の不備を指摘してくださった。深く感謝申し上げたい。ヨーロッパ近世というのは、中世と近代を繋ぎ、制度的にも文化的にも入り組んだ複雑な時代ゆえに、思わぬ誤り・勘違いがあるかもしれない。

読者諸賢のご叱正を仰ぎたい。

それにしても、今はどういう時代なのだろう。「魔女狩り」はなくても、どちらを向いても黒い闇がひたひたと押し寄せてくる。時代の危機なのか、私個人の危機なのか……良い時がまた巡ってくるのを願うのみだ。

二〇二三年　秋気漂う六甲山の麓にて

池上俊一

主要参考文献

Arnould, C., *Histoire de la Sorcellerie en Occident*, Paris, 1992.

Barry, J., M. Hester, & G. Roberts (eds.), *Witchcraft in Early Modern Europe: Studies in Culture and Belief*, Cambridge, 1996.

Bechtel, G., *La sorcière et l'Occident: La destruction de la sorcellerie en Europe, des origines aux grands bûchers*, Paris, 1997.

Behringer, W., *Hexenverfolgung in Bayern: Volksmagie, Glaubenseifer und Staatsräson in der Frühen Neuzeit*, München, 1988.

Behringer, W. (ed.), *Hexen und Hexenprozesse in Deutschland*, 5th ed., München, 2001.

Bodin, Jean, *De la Démonomanie des sorciers*, Paris, 1580.

Boguet, Henry, *Discours exécrable des sorciers*, Lyon, 1608.

Boureau, A., *Satan hérétique: Histoire de la démonologie (1280–1330)*, Paris, 2004.

Brauner, S., *Fearless Wives and Frightened Shrews: The Construction of the Witch in Early Modern Germany*, Amherst (Mass.), 1995.

Briggs, R., *Witches & Neighbours: The Social and Cultural Context of European Witchcraft*, London, 1996.

Brulé, A., *Sorcellerie et emprise démoniaque à Metz et au Pays messin (XIIe–XVIIIe siècles)*, Paris, 2006.

Clark, S., *Thinking with Demons: The Idea of Witchcraft in Early Modern Europe*, Oxford, 1999.

Davidson, J. P., *The Witch in Northern European Art, 1470–1750*, Freren, 1987.

De Lancre, Pierre, *Tableau de l'inconstance des mauvais anges et démons où il est amplement traité des sorciers et de la sorcellerie*, ed. by N. Jacques-Chaquin, Paris, 1982.

Delcambre, É., *Le Concept de la sorcellerie dans le duché de Lorraine aux XVIe et XVIIe siècles*, 3 vols., Nancy, 1948–1951.

Del Rio, Martín, *Investigations into Magic*, ed. and transl. by P. G. Maxwell-Stuart, Manchester-New York, 2000.

Diedler, J.-C., *Démons et Sorcières en Lorraine: Le bien et le mal dans les communautés rurales de 1550 à 1660*, Paris, 1996.

Diedler, J.-C., *Les Démons des forêts et des montagnes: Les débordements de*

l'imaginaire dans l'espace européen au XVIe siècle, Paris, 2014.
Dillinger, J., *Hexen und Magie: Eine historische Einführung*, Frankfurt am Main-New York, 2007.
Duni, M., *Under the Devil's Spell: Witches, Sorcerers, and the Inquisition in Renaissance Italy*, Firenze, 2007.
Durand, B. (ed.), *La torture judiciaire: Approches historiques et juridiques*, 2 vols., Lille, 2002.
Dusseau, J., *Le juge et la sorcière*, Bordeaux, 2002.
Faure, M.-N., *Sorciers et sorcières en Occident: Fictions et réalités*, Paris, 2022.
Ferber, S., *Demonic Possession and Exorcism in Early Modern France*, London-New York, 2004.
Flothmann, G., H. Müller, I. Schollmeyer, & M. Stoltefaut, *Den Hexen auf der Spur…: Über Hexenprozesse am Beispiel Idstein 1676*, Idstein, 1986.
Follain, A. & M. Simon (eds.), *Sorcellerie savante et mentalités populaires*, Strasbourg, 2013.
Franz, G. & F. Irsigler (eds.), *Trierer Hexenprozesse: Quellen und Darstellungen*, 2 vols., 2nd ed., Trier, 1996.
Gloger, B. & W. Zöllner, *Teufelsglaube und Hexenwahn*, Wien-Köln-Graz, 1984.
Guazzo, Francesco Maria, *Compendium maleficarum*, ed. by M. Summers, London, 1929.
Guiley, R. E., *The Encyclopedia of Witches and Witchcraft*, New York, 1989.
Hansen, J., *Zauberwahn, Inquisition und Hexenprozess im Mittelalter und die Entstehung der grossen Hexenverfolgung*, München, 1900.
Hansen, J. (ed.), *Quellen und Untersuchungen zur Geschichte des Hexenwahns und der Hexenverfolgung im Mittelalter*, Bonn, 1901.
Henningsen, G. (ed.), *The Salazar Documents: Inquisitor Alonso de Salazar Frías and Others on the Basque Witch Persecution*, Leiden-Boston, 2004.
Honegger, C. (ed.), *Die Hexen der Neuzeit: Studien zur Sozialgeschichte eines kulturellen Deutungsmusters*, Frankfurt am Main, 1978.
Houdard, S., *Les sciences du diable: Quatre discours sur la sorcellerie (XVe–XVIIe siècle)*, Paris, 1992.
L'imaginaire du sabbat: Édition critique des textes les plus anciens (1430c.–1440c.), ed. by M. Ostorero, A. Paravicini Bagliani, & K. Utz

Tremp, Lausanne, 1999.
Institoris, Henry & Jacques Sprenger, *Le Marteau des Sorcières* [*Malleus Maleficarum 1486*], transl. by A. Danet, Grenoble, 1990.
Jacques-Chaquin, N. & M. Préaud, *Le sabbat des sorciers en Europe (XV*^{e}*–XVIII*^{e} *siècles)*, Colloque international E. N. S. Fontenay-Saint-Cloud (4–7 novembre 1992), Grenoble, 1993.
Jensen, G. F., *The Path of the Devil: Early Modern Witch Hunts*, Lanham (Md.)-Plymouth, 2007.
Kieckhefer, R., *European Witch Trials: Their Foundations in Popular and Learned Culture, 1300–1500*, Berkeley (Cal.)-Los Angeles (Cal.), 1976.
Labouvie, E., *Zauberei und Hexenwerk: Ländlicher Hexenglaube in der frühen Neueit*, Frankfurt am Main, 1991.
Labouvie, E., *Verbotene Künste: Volksmagie und ländlicher Aberglaube in den Dorfgemeinden des Saarraumes (16.–19. Jahrhundert)*, St. Ingbert, 1992.
Lambrecht, K., *Hexenverfolgung und Zaubereiprozesse in den schlesischen Territorien*, Köln-Weimar-Wien, 1995.
Le Bras-Chopard, A., *Les putains du Diable: Le procès en sorcellerie des femmes*, Paris, 2006.
Lecouturier, Y., *Sorciers, sorcières et possédés en Normandie: Procès en sorcellerie du Moyen Âge au XVIII*^{e} *siècle*, Rennes, 2012.
Levack, B. P., *Witch-Hunting in Scotland: Law, Politics and Religion*, New York-London, 2008.
Levack, B. P. (ed.), *The Oxford Handbook of Witchcraft in Early Modern Europe and Colonial America*, Oxford, 2013.
Levack, B. P., *The Witch-Hunt in Early Modern Europe*, 4th ed., Abingdon-New York, 2016.
Macfarlane, A., *Witchcraft in Tudor and Stuart England: A Regional and Comparative Study*, London, 1970.
Mandrou, R., *Magistrats et sorciers en France au XVII*^{e} *siècle: Une analyse de psychologie historique*, Paris, 1980.
Maxwell-Stuart, P. G., *Witch Beliefs and Witch Trials in the Middle Ages: Documents and Readings*, London-New York, 2011.
Midelfort, H. C. E., *Witch Hunting in Southwestern Germany, 1562–1684: The Social and Intellectual Foundations*, Stanford (Cal.), 1972.
Molitor, Ulric, *Des Sorcières et des Devineresses: Le premier procès de la*

sorcellerie, Reproduit en Fac-similé d'après l'édition latine de Cologne 1489, Paris, s.d.

Monter, E. W., *Witchcraft in France and Switzerland*, Ithaca (NY), 1976.

Monter, E. W., *A Bewitched Duchy: Lorraine and Its Dukes 1477–1736*, Genève, 2007.

Muchembled, R., *Culture populaire et culture des élites dans la France moderne (XVe–XVIIIe siècles)*, Paris, 1978.

Muchembled, R. (ed.), *La sorcière au village (XVe–XVIIIe siècle)*, Paris, 1979.

Muchembled, R., *Sorcières, justice et société aux 16e et 17e siècles*, Paris, 1987.

Muchembled, R., *Le temps des supplices: De l'obéissance sous les rois absolus XVe–XVIIIe siècle*, Paris, 1992.

Muchembled, R., *Le Roi et la sorcière: L'Europe des bûchers (XVe–XVIIIe siècle)*, Paris, 1993.

Ostorero, M., *Le diable au sabbat: Littérature démonologique et sorcellerie (1440–1460)*, Firenze, 2011 [Micrologus' Library 38].

Ostorero, M., G. Modestin, & K. Utz Tremp (eds.), *Chasses aux sorcières et démonologie: Entre discours et pratiques (XIVe–XVIIe siècles)*, Firenze, 2010 [Micrologus' Library 36].

Palou, J., *De la sorcellerie, des sorciers & de leurs juges*, Sazeray, 1971.

Pohl, H., *Hexenglaube und Hexenverfolgung im Kurfürstentum Mainz: Ein Beitrag zur Hexenfrage im 16. und beginnenden 17. Jahrhundert*, 2nd ed., Stuttgart, 1998.

Préaud, M., *Les Sorcières* [catalogue de l'exposition de la Bibliothèque nationale], Paris, 1973.

Rau, K., *Augsburger Kinderhexenprozesse 1625–1730*, Wien-Köln-Weimar, 2006.

Rémy, Nicolas, *La Démonolâtrie*, ed. by J. Boës, Nancy, 1997.

Roehrig, J., *À mort, la sorcière!: Sorcellerie et répression en Lorraine XVIe–XVIIe siècles*, Strasbourg, 2007.

Roper, L., *Oedipus & the Devil: Witchcraft, Sexuality and Religion in Early Modern Europe*, London-New York, 1994.

Rowlands, A. (ed.), *Witchcraft and Masculinities in Early Modern Europe*, Basingstoke-New York, 2009.

Rummel, W., *Bauern, Herren und Hexen: Studien zur Sozialgeschichte*

sponheimischer und kurtrierischer Hexenprozesse 1574–1664, Göttingen, 1991.

Rummel, W. & R. Voltmer, *Hexen und Hexenverfolgung in der Frühen Neuzeit*, Darmstadt, 2008.

Russell, J. B., *Witchcraft in the Middle Ages*, Ithaca (NY)-London, 1972.

Sanders, A., *A Deed without a Name: The Witch in Society and History*, Oxford-Washington, D.C., 1995.

Savage, C., *Sorcières*, Paris, 2000.

Schormann, G., *Hexenprozesse in Deutschland*, 2nd ed., Göttingen, 1986.

Simon, S., *« Si je le veux, il mourra ! »: Maléfices et sorcellerie dans la campagne genevoise (1497–1530)*, Lausanne, 2007.

Snyder, P., *Représentations de la femme et chasse aux sorcières, XIIIe–XVe siècle*, Ville d'Anjou (Québec), 2000.

Soman, A., *Sorcellerie et justice criminelle: Le Parlement de Paris (16e–18e siècles)*, Hampshire-Brookfield, 1992.

Swan, C., *Art, Science, and Witchcraft in Early Modern Holland: Jacques de Gheyn II (1565–1629)*, Cambridge, 2005.

Viallet, L., *Sorcières!: La Grande Chasse*, Paris, 2013.

Weber, H., *Kinderhexenprozesse*, Frankfurt am Main-Leipzig, 1991.

Weyer, Johann, *Witches, Devils, and Doctors in the Renaissance [De praestigiis daemonum]*, ed. by G. Mora & B. Kohl, Binghamton (NY), 1991.

Willis, D., *Malevolent Nurture: Witch-Hunting and Maternal Power in Early Modern England*, Ithaca-London, 1995.

Ziegeler, W., *Möglichkeiten der Kritik am Hexen- und Zauberwesen im ausgehenden Mittelalter: Zeitgenössische Stimmen und ihre soziale Zugehörigkeit*, 2nd ed., Köln-Wien, 1983.

Zika, Ch., *The Appearance of Witchcraft: Print and Visual Culture in Sixteenth-Century Europe*, London-New York, 2007.

アーレント＝シュルテ，イングリット（野口芳子・小山真理子訳）『魔女にされた女性たち――近世初期ドイツにおける魔女裁判』勁草書房，2003年．

上山安敏・牟田和男編『魔女狩りと悪魔学』人文書院，1997年．

上口裕『カロリーナ刑事法典の研究』成文堂，2019年．

ギンズブルグ，カルロ（竹山博英訳）『ベナンダンティ――16-17世紀における悪魔崇拝と農耕儀礼』せりか書房，1986年．

主要参考文献

黒川正剛『図説 魔女狩り』河出書房新社，2011 年.
黒川正剛『魔女とメランコリー』新評論，2012 年.
黒川正剛『魔女狩り ── 西欧の三つの近代化』講談社選書メチエ，2014 年.
クンツェ，ミヒャエル(鍋谷由有子訳)『火刑台への道』白水社，1993 年.
小林繁子『近世ドイツの魔女裁判 ── 民衆世界と支配権力』ミネルヴァ書房，2015 年.
コーン，ノーマン(山本通訳)『魔女狩りの社会史 ── ヨーロッパの内なる悪霊』岩波書店，1983 年.
サルマン，ジャン＝ミシェル(池上俊一監修，富樫瓔子訳)『魔女狩り』創元社，1991 年.
スカール，ジェフリ／ジョン・カロウ(小泉徹訳)『魔女狩り』岩波書店，2004 年.
セルトー，ミシェル・ド(矢橋透訳)『ルーダンの憑依』みすず書房，2008 年.
田中雅志編『魔女の誕生と衰退 ── 原典資料で読む西洋悪魔学の歴史』三交社，2008 年.
デッカー，ライナー(佐藤正樹・佐々木れい訳)『教皇と魔女 ── 宗教裁判の機密文書より』法政大学出版局，2007 年.
トマス，キース(荒川正純訳)『宗教と魔術の衰退』上・下，法政大学出版局，1993 年.
バーストウ，アン・ルーエリン(黒川正剛訳)『魔女狩りという狂気』創元社，2001 年.
バッシュビッツ，クルト(川端豊彦・坂井洲二訳)『魔女と魔女裁判 ── 集団妄想の歴史』法政大学出版局，1970 年.
浜本隆志『拷問と処刑の西洋史』新潮選書，2007 年.
平野隆文『魔女の法廷 ── ルネサンス・デモノロジーへの誘い』岩波書店，2004 年.
ベーリンガー，ウォルフガング(長谷川直子訳)『魔女と魔女狩り』刀水書房，2014 年.
マレー，マーガレット・A.(西村稔訳)『魔女の神』人文書院，1995 年.
ミュシャンブレッド，ロベール(石井洋二郎訳)『近代人の誕生 ── フランス民衆社会と習俗の文明化』筑摩書房，1992 年.
牟田和男『魔女裁判 ── 魔術と民衆のドイツ史』吉川弘文館，2000

年.
森島恒雄『魔女狩り』岩波新書，1970年.
モンテーニュ，ミシェル・ド(宮下志朗訳)『エセー』全7巻，白水社，2005-2016年.
ロビンズ，ロッセル・ホープ(松田和也訳)『悪魔学大全』青土社，1997年.

図版出典一覧

第 1 章扉……ドイツ歴史博物館
図 1-1……Jacques-Albin-Simon Collin de Plancy, *Dictionnaire infernal: Planches*, 1826.
図 1-2, 図 6-2……Francesco Maria Guazzo, *Compendium maleficarum*, 1608.
図 1-3……Ulrich Molitoris, *De lamiis et pythonicis mulieribus*, 1498.
図 1-4, 図 3-1……作図 前田茂実
第 2 章扉……プラド美術館
図 2-1, 図 2-3……ウェルカム・コレクション
図 2-2……*Le livre de Jehan Bocace des cas des nobles hommes et femmes*, 1458. バイエルン州立図書館(BSB Cod. gall. 6)
図 2-4……*Des allerdurchleuchtigsten grossmechtigsten vnüberwindtlichsten Keyser Karls des Fünfften*, 1533.
図 2-5, 図 7-3……Alamy Stock Photo / amanaimages
第 3 章扉……Johannes Geiler von Kaysersberg, *Die Emeis*, 1517. ウェルカム・コレクション
図 3-2……123RF
第 4 章扉……ダリッチ・ピクチャー・ギャラリー
図 4-1……セントルイス・ワシントン大学図書館 HP(https://library.wustl.edu/news/)
図 4-3……ヴィールツ美術館
第 5 章扉……メトロポリタン美術館
図 5-1……https://anarchivists.gitbooks.io/caliban/content/the_great_witch-hunt_in_europe.html
図 5-2……Martin Le Franc, *Le Champion des Dames*. フランス国立図書館(Ms. Français 12476)
図 5-3……コーネル大学図書館
図 5-4……カールスルーエ州立美術館
図 5-5 左……https://www.hellenicaworld.com/Art/Paintings/en/Part9165.html
図 5-6……Pierre de Lancre, *Tableau de l'inconstance des mauvais anges et démons*, 1613.
第 6 章扉……Hans Vintler, *Blumen der Tugend*. エルフルト大学図書館

(Chart. A 594)
図 6-1……Johann Mylius, *Opus Medico-Chymicum*, 1618.
第 7 章扉……Ulrich Tengler, *Der neu Layenspiegel*, 1511.
図 7-1……ヴィンタートゥール市立図書館(e-rara)
図 7-2……*Tacuinum sanitatis*. オーストリア国立図書館(Cod. Ser. n. 2644)
第 8 章扉……Reginald Scot, *The Discovery of Witchcraft*, 1665.
図 8-1……Johann Weyer, *De lamiis liber*, 1577. ウェルカム・コレクション
図 8-2……Gabriel Legué, *Urbain Grandier et les possédées de Loudun*, 1880.
図 8-3……アムステルダム国立美術館

池上俊一

1956年，愛知県生まれ
現在—東京大学名誉教授
専攻—西洋中世・ルネサンス史
著書—『フィレンツェ——比類なき文化都市の歴史』(岩波新書)
『ヨーロッパ史入門 原形から近代への胎動』(岩波ジュニア新書)
『ヨーロッパ史入門 市民革命から現代へ』(岩波ジュニア新書)
『歴史学の作法』(東京大学出版会)
『ロマネスク世界論』(名古屋大学出版会) ほか

魔女狩りのヨーロッパ史　　岩波新書(新赤版)2011

2024年3月19日　第1刷発行
2024年4月15日　第2刷発行

著　者　池上俊一《いけがみしゅんいち》

発行者　坂本政謙

発行所　株式会社 岩波書店
〒101-8002 東京都千代田区一ツ橋2-5-5
案内 03-5210-4000　営業部 03-5210-4111
https://www.iwanami.co.jp/

新書編集部 03-5210-4054
https://www.iwanami.co.jp/sin/

印刷・精興社　カバー・半七印刷　製本・中永製本

ISBN 978-4-00-432011-1　　Printed in Japan

岩波新書新赤版一〇〇〇点に際して

ひとつの時代が終わったと言われて久しい。だが、その先にいかなる時代を展望するのか、私たちはその輪郭すら描きえていない。二〇世紀から持ち越した課題の多くは、未だ解決の緒を見つけることのできないままであり、二一世紀が新たに招きよせた問題も少なくない。グローバル資本主義の浸透、憎悪の連鎖、暴力の応酬——世界は混沌として深い不安の只中にある。

現代社会においては変化が常態となり、速さと新しさに絶対的な価値が与えられた。消費社会の深化と情報技術の革命は、種々の境界を無くし、人々の生活やコミュニケーションの様式を根底から変容させてきた。ライフスタイルは多様化し、一面では個人の生き方をそれぞれが選びとる時代が始まっている。同時に、新たな格差が生まれ、様々な次元での亀裂や分断が深まっている。社会や歴史に対する意識が揺らぎ、普遍的な理念に対する根本的な懐疑や、現実を変えることへの無力感がひそかに根を張りつつある。そして生きることに誰もが困難を覚える時代が到来している。

しかし、日常生活のそれぞれの場で、自由と民主主義を獲得し実践することを通じて、私たち自身がそうした閉塞を乗り超え、希望の時代の幕開けを告げてゆくことは不可能ではあるまい。そのために、いま求められていること——それは、個と個の間で開かれた対話を積み重ねながら、人間らしく生きることの条件について一人ひとりが粘り強く思考することではないか。その営みの糧となるものが、教養に外ならないと私たちは考える。歴史とは何か、よく生きるとはいかなることか、世界そして人間はどこへ向かうべきなのか——こうした根源的な問いとの格闘が、文化と知の厚みを作り出し、個人と社会を支える基盤としての教養となった。まさにそのような教養への道案内こそ、岩波新書が創刊以来、追求してきたことである。

岩波新書は、日中戦争下の一九三八年一一月に赤版として創刊された。創刊の辞は、道義の精神に則らない日本の行動を憂慮し、批判的精神と良心的行動の欠如を戒めつつ、現代人の現代的教養を刊行の目的とする、と謳っている。以後、青版、黄版、新赤版と装いを改めながら、合計二五〇〇点余りを世に問うてきた。そして、いままた新赤版が一〇〇〇点を迎えたのを機に、人間の理性と良心への信頼を再確認し、それに裏打ちされた文化を培っていく決意を込めて、新しい装丁のもとに再出発したいと思う。一冊一冊から吹き出す新風が一人でも多くの読者の許に届くこと、そして希望ある時代への想像力を豊かにかき立てることを切に願う。

（二〇〇六年四月）

世界史

軍と兵士のローマ帝国	井上文則
西洋書物史への扉	髙宮利行
「音楽の都」ウィーンの誕生	ジェラルド・グローマー
マルクス・アウレリウス 『自省録』のローマ帝国	南川高志
古代ギリシアの民主政	橋場弦
曾国藩 「英雄」と中国史	岡本隆司
人種主義の歴史	平野千果子
スポーツからみる東アジア史	高嶋航
スペイン史10講	立石博高
ヒトラー	芝健介
ユーゴスラヴィア現代史〔新版〕	柴宜弘
東南アジア史10講	古田元夫
チャリティの帝国	金澤周作
太平天国	菊池秀明
ドイツ統一	アンドレアス・レダー 板橋拓己訳
人口の中国史	上田信
カエサル	小池和子
世界遺産	中村俊介
奴隷船の世界史	布留川正博
独ソ戦 絶滅戦争の惨禍	大木毅
イタリア史10講	北村暁夫
フランス現代史	小田中直樹
移民国家アメリカの歴史	貴堂嘉之
フィレンツェ	池上俊一
マーティン・ルーサー・キング	黒﨑真
ナポレオン	杉本淑彦
ガンディー 平和を紡ぐ人	竹中千春
イギリス現代史	長谷川貴彦
ロシア革命 破局の8か月	池田嘉郎
天下と天朝の中国史	檀上寛
孫文	深町英夫
古代東アジアの女帝	入江曜子
新・韓国現代史	文京洙
ガリレオ裁判	田中一郎
人間・始皇帝	鶴間和幸
袁世凱	岡本隆司
二〇世紀の歴史	木畑洋一
イギリス史10講	近藤和彦
植民地朝鮮と日本	趙景達
シルクロードの古代都市	加藤九祚
中華人民共和国史〔新版〕	天児慧
物語 朝鮮王朝の滅亡◆	金重明
新・ローマ帝国衰亡史	南川高志
近代朝鮮と日本	趙景達
マヤ文明	青山和夫
北朝鮮現代史	和田春樹
四字熟語の中国史◆	冨谷至
李鴻章	岡本隆司
新しい世界史へ	羽田正
パル判事	中里成章
グランドツアー 18世紀イタリアへの旅	岡田温司
パリ 都市統治の近代	喜安朗

岩波新書より

日本史

読み書きの日本史	八鍬友広
日本中世の民衆世界	三枝暁子
森と木と建築の日本史	海野聡
幕末社会	須田努
江戸の学びと思想家たち	辻本雅史
上杉鷹山 「富国安民」の政治	小関悠一郎
藤原定家『明月記』の世界	村井康彦
性からよむ江戸時代	沢山美果子
景観からよむ日本の歴史	金田章裕
律令国家と隋唐文明	大津透
伊勢神宮と斎宮	西宮秀紀
百姓一揆	若尾政希
給食の歴史	藤原辰史
大化改新を考える	吉村武彦
江戸東京の明治維新	横山百合子
戦国大名と分国法	清水克行
東大寺のなりたち	森本公誠
武士の日本史	髙橋昌明
五日市憲法	新井勝紘
後醍醐天皇	兵藤裕己
茶と琉球人	武井弘一
近代日本一五〇年	山本義隆
語る歴史、聞く歴史	大門正克
義経伝説と為朝伝説 日本史の北と南	原田信男
出羽三山 山岳信仰の歴史を歩く	岩鼻通明
日本の歴史を旅する	五味文彦
一茶の相続争い	高橋敏
鏡が語る古代史	岡村秀典
日本の近代とは何であったか	三谷太一郎
戦国と宗教	神田千里
古代出雲を歩く	平野芳英
自由民権運動 〈デモクラシー〉の夢と挫折	松沢裕作
風土記の世界	三浦佑之
京都の歴史を歩く	小林丈広・高木博志・三枝暁子
蘇我氏の古代	吉村武彦
昭和史のかたち◆	保阪正康
「昭和天皇実録」を読む	原武史
生きて帰ってきた男	小熊英二
遺骨 戦没者三一〇万人の戦後史	栗原俊雄
在日朝鮮人 歴史と現在	水野直樹・文京洙
京都〈千年の都〉の歴史	高橋昌明
唐物の文化史◆	河添房江
小林一茶 時代を詠んだ俳諧師	青木美智男
信長の城	千田嘉博
出雲と大和	村井康彦
女帝の古代日本◆	吉村武彦
コロニアリズムと文化財	荒井信一
特高警察	荻野富士夫
古代国家はいつ成立したか	都出比呂志
渋沢栄一 社会企業家の先駆者	島田昌和

岩波新書より

岩波新書より

鎌倉幕府と朝廷　近藤成一
室町幕府と地方の社会　榎原雅治
分裂から天下統一へ　村井章介

(2023.7)　◆は品切，電子書籍版あり．(N4)

宗教

空海　松長有慶
最澄と徳一　仏教史上最大の対決　師茂樹
ブッダが説いた幸せな生き方　今枝由郎
ヒンドゥー教10講　赤松明彦
東アジア仏教史　石井公成
ユダヤ人とユダヤ教　市川裕
初期仏教　ブッダの思想をたどる　馬場紀寿
内村鑑三　悲しみの使徒　若松英輔
トマス・アクィナス　理性と神秘　山本芳久
アウグスティヌス　「心」の哲学者　出村和彦
パウロ　十字架の使徒　青野太潮
弘法大師空海と出会う　川﨑一洋
高野山　松長有慶
マルティン・ルター　徳善義和

教科書の中の宗教　藤原聖子
『教行信証』を読む　親鸞の世界へ　山折哲雄
国家神道と日本人　島薗進
聖書の読み方　大貫隆
親鸞をよむ◆　山折哲雄
日本宗教史　末木文美士
法華経入門　菅野博史
中世神話　山本ひろ子
イスラム教入門　中村廣治郎
ジャンヌ・ダルクと蓮如　大谷暢順
蓮如　五木寛之
密教　松長有慶
日本の新興宗教　高木宏夫
背教者の系譜　武田清子
聖書入門　小塩力
イエスとその時代◆　荒井献
慰霊と招魂　村上重良
国家神道◆　村上重良
お経の話　渡辺照宏

死後の世界　渡辺照宏
日本の仏教　渡辺照宏
仏教〔第二版〕　渡辺照宏
禅と日本文化　鈴木大拙　北川桃雄訳

環境・地球

グリーン・ニューディール　明日香壽川
水の未来　沖　大幹
異常気象と地球温暖化　鬼頭昭雄
エネルギーを選びなおす　小澤祥司
欧州のエネルギーシフト◆　脇阪紀行
グリーン経済最前線◆　井田徹治・末吉竹二郎
環境アセスメントとは何か　原科幸彦
生物多様性とは何か　井田徹治
キリマンジャロの雪が消えていく　石　弘之
イワシと気候変動　川崎　健
森林と人間　石城謙吉
地球の水が危ない　高橋　裕
地球環境報告Ⅱ　石　弘之
地球環境問題とは何か　米本昌平
地球環境報告　石　弘之
国土の変貌と水害◆　高橋　裕
水俣病　原田正純

情報・メディア

実践 自分で調べる技術　宮内泰介
生きるための図書館　竹内さとる
メディア不信 何が問われているのか　林　香里
グローバル・ジャーナリズム　澤　康臣
キャスターという仕事　国谷裕子
読んじゃいなよ！　高橋源一郎編
読書と日本人　津野海太郎
スポーツアナウンサー 実況の真髄　山本　浩
戦争と検閲 石川達三を読み直す　河原理子
NHK〔新版〕　松田　浩
震災と情報◆　徳田雄洋
メディアと日本人　橋元良明
デジタル社会はなぜ生きにくいか　徳田雄洋
ジャーナリズムの可能性　原　寿雄
ウェブ社会をどう生きるか　西垣　通
報道被害　梓澤和幸
メディア社会　佐藤卓己
現代の戦争報道　門奈直樹
未来をつくる図書館　菅谷明子
新聞は生き残れるか◆　中馬清福
メディア・リテラシー　菅谷明子
職業としての編集者　吉野源三郎
岩波新書解説総目録 1938-2019　岩波新書編集部編

岩波新書より

ネイティブ・アメリカン　鎌田遵
アフリカ・レポート　松本仁一
ヴェトナム新時代　坪井善明
ルポ 貧困大国アメリカ　堤未果
エビと日本人 II　村井吉敬
欧州連合 統治の論理とゆくえ　庄司克宏
いま平和とは　最上敏樹
サウジアラビア　保坂修司
中国激流 13億のゆくえ　興梠一郎
多民族国家 中国　王柯
ヨーロッパとイスラーム　内藤正典
多文化世界　青木保
デモクラシーの帝国　藤原帰一
パレスチナ〔新版〕◆　広河隆一
人道的介入　最上敏樹
異文化理解　青木保
ロシア市民　中村逸郎
南アフリカ「虹の国」への歩み　峯陽一

ビルマ「発展」のなかの人びと　田辺寿夫
東南アジアを知る　鶴見良行
獄中19年　徐勝
チェルノブイリ報告　広河隆一
エビと日本人　村井吉敬
バナナと日本人　鶴見良行
アフリカの神話的世界　山口昌男
韓国からの通信　T・K生／「世界」編集部編
この世界の片隅で◆　山代巴編